10대, 우리답게 개념 있게 말하다

10대, 우리답게
개념 있게 말하다

발행일   2021년 9월 7일 초판 1쇄 발행
            2023년 10월 4일 초판 3쇄 발행
지은이   정정희
발행인   방득일
편 집   박현주, 허현정, 강정화
디자인   강수경
마케팅   김지훈

발행처   맘에드림
주 소   서울시 도봉구 노해로 379 대성빌딩 902호
전 화   02-2269-0425
팩 스   02-2269-0426
e-mail   momdreampub@naver.com

ISBN 979-11-89404-51-2 44700
ISBN 979-11-89404-03-1 44080(세트)

모두의 언어 감수성을 높이는 슬기로운 언어생활

10대,
우리답게
개념 있게
말하다

정 정 희 지음

맘에 드림

말의 힘은 위대하다

교실에는 온갖 말들이 난무합니다. 개중에는 우리말이 맞나 싶을 만큼 낯설고 당황스러운 외계어 같은 표현도 있습니다. 어른들의 머릿속으로는 도저히 떠올리기 힘든 재기발랄하고 창의적인 표현에 무릎을 탁 칠 만큼 감탄하기도 하지만, 한편으론 너무 광범위한 상황에서 빈번하게 사용되는 차별과 혐오의 말들이 걱정스럽기도 합니다.

게다가 이런 표현들은 특별한 악의 없이 무심코 툭툭 튀어나오는 경우가 많다는 점에서 더더욱 우려스럽습니다. 잘못되었다는 의식조차 없이 습관적으로 사용하는 동안 이런 혐오의 말들이 알게 모르게 우리의 생각을 물들이고, 의식을 바꿔 타인을 대하는 태도에 깊은 영향을 미치기 때문입니다.

'말의 힘'은 그만큼 우리가 상상하는 것 이상으로 강력합니다. 어린 시절부터 차별과 혐오의 말을 쓰다 보면 자신도 모르는 사이에 차별과 혐오의 프레임에 사로잡힌 어른으로 성장할지도 모릅니다. 그런 점에서 최근 사회 전반에서 언어 감수성을 키워야 한다는 목소리가 높습니다. 즉 언어 표현에 대한 민감도를 높임으로써, 무분별하게 사용되고 있는 다양한 차별과 혐오의 말들에 대해 최소한의 문제의식은 가져야 한다는 거죠.

📣 갈등과 혐오의 싹을 틔우는 위험한 언어생활

최근 많은 사람들이 자신이 던지는 말 한마디의 무게를 잊은 채 살아가는 것 같아서 안타깝습니다. 넘쳐나는 막말과 혐오의 표현들은 사실 위험수위를 넘은 지 오래고, 이는 교실 언어생활도 마찬가지입니다. 무엇보다 큰 문제는 상당수가 그저 남들도 다 쓰니까 나도 쓴다는 식으로 습관처럼 혐오 표현들을 무한 복제하는 데 일조하고 있다는 점입니다. 하지만 아무리 악의 없이 한 말이라도 누군가는 마음 한구석에 씻을 수 없는 깊은 상처를 입을 수 있습니다. 그리고 그 상처는 언젠가 우리 자신에게 되돌아오기도 하지요. 심지어 훨씬 더 치명적인 말화살이 되어서 말이죠.

언어가 사람의 의식과 태도에 미치는 영향은 이미 수많은 연구자들이 주목하고 있는 연구 주제이기도 합니다. 언어와 인간 심리 사이의 상호작용과 복잡하고 미묘한 관계를 연구하는 언어심리학(psychology of language)이라는 학문도 생겼죠. 굳이 학문적 이해가 없다고 해도 언어와 사고 사이에는 깊은 관계가 있다는 것을 우리는 잘 알고 있습니다. 무심코 쓰는 말 한마디가 결국 의식과 사고를 바꾸는 일은 허다하죠. 따라서 우리가 매일 아무렇지 않게 쓰는 말에 담긴 힘에 이제라도 주목할 필요가 있습니다.

특히 최근에는 세대 간 소통장벽이 심각한 사회문제로 떠오르고 있습니다. 기성세대는 "나 때는 안 그랬는데 요즘 것들은 어른 어려운 줄 모르고 싸가지 없다."고 한탄하고, 젊은세대는 "기성세대가 기득권을 쥐고 흔들면서 양보라곤 1도 없이 꼰대질만 한다."고 분노합니다. 서로에 대한 존중과 배려는 온데간데없이 서로 편을 갈라 으르렁거리는 것입니다. 그리고 이런 불편한 의식은 서로의 세대를 조롱하는 언어 표현에 여실히 드러나고 있습니다. 그런데 갈등은 신구세대 간에만 있는 것이 아닙니다. 성별 갈등, 소수집단, 사회적 약자에 대한 무시와 차별 등이 우리 사회의 언어생활에 고스란히 녹아 있고, 이러한 언어생활은 학생들의 교실 언어생활에도 그대로 반영되고 있습니다.

📢 유행어라는 탈을 쓴 막말 대잔치

특정 사이트들을 중심으로 사용되던 은어들이 온라인을 통해 빠르게 퍼지면서 세력을 얻고, 급기야 온라인 밖으로 스멀스멀 퍼져 나와 젊은 세대들 사이에서 유행어가 되어 광범위하게 쓰이고 있습니다. 게다가 이런 말들은 인터넷을 타고 어린 초등학생에게까지 마구잡이로 퍼져 나가고 있습니다.

최근에는 패드립[1]이나 고인드립[2] 등 반인륜적인 막말까지 SNS상에 넘쳐나고 있고, 한편으로는 그 심각성을 지적하는 사람들도 많아졌습니다. 그런데 어찌 된 일인지 이런 쓴소리에 수긍하는 사람보다는 적반하장으로 이들을 무차별적으로 비난하거나 나아가 SNS상에서는 바른말, 고운말을 쓰는 사람들을 비하하는 경향마저 나타납니다. 이런 집단적 행태를 가만히 보고 있노라면 자기가 듣기 싫은 말에 대해서는 소위 '아닥'[3]하라는 뜻으로밖에 해석되지 않아 씁쓸하기 그지없습니다. 그러면서 그들은 이렇게 변명합니다.

....
1. 부모님, 조상님처럼 윗사람을 욕하거나 개그나 우스갯소리의 대상으로 놀릴 때 쓰는 말로 '패륜적 드립'의 줄임말이다. 디씨인사이드라는 사이트를 중심으로 퍼져나간 단어
2. 고인, 즉 망자를 희화화의 대상으로 삼은 농담을 의미한다.
3. 입을 뜻하는 '아가리'와 '닥쳐라'를 합친 욕설

"솔직히 이 단어에 대해 큰 의미를 두지 않고, 그저 재미로 쓰는 것뿐인데, 그게 무슨 대단한 문제가 되나요? 그냥 유행어일 뿐인데요?"

그래서인지 요즘에는 자신의 잘못을 지적하거나 충고하는 사람에 대한 반박을 넘어서서 진지한 이야기를 하는 사람들을 공격합니다. 소위 '십선비'[4]라 규정하며 조롱하는 것이죠. 이는 진지한 것을 견디지 못하는 사회적 분위기와도 어느 정도 관계가 있는 듯합니다. 요즘 청소년들 역시 진지한 것을 못 견디는 경향이 두드러집니다. 낯간지럽게 생각하는 거죠. 때론 진지함을 추구하는 사람을 두고, 아예 '진지충'이라며 벌레 취급까지 합니다. 워낙 눈치가 없어서 맥락을 파악하지 못하고, 예능을 다큐로 받아들이는 사람들이 소위 '갑분싸'[5]로 분위기를 확 깨는 것도 사실이지만, 그런 사람들에 대한 비난 수위도 필요 이상 높아지고 있는 것 같습니다.

　예술사회학 연구자인 이라영은 진지함이 쫙 빠지면 알맹이 없는 유머만 남게 된다고 말합니다. 진지함이 부정되면 유머의 질 또한

---

4. 융통성 없는 사람을 가리키는 신조어. 항상 뭔가 가르치려고 들고, 바로잡으려고 하고, 세상 모든 것을 진지하게만 받아들이는 사람을 주로 일컫는다. 아무리 뜨겁게 들뜬 분위기도 순식간에 썰렁하게 가라앉힐 수 있다고 함
5. 갑자기 분위기가 싸해진다는 뜻을 가지고 있는 신조어이다. 주로 농담을 이해못하고 눈치 없는 말이나 유머 등으로 분위기를 맞추지 못하는 사람 또는 상황에서 사용된다.

하락하는데, 이는 비판적 성찰이 없이 타인의 약점만을 재료로 하는 유머에 익숙해지기 때문이라고 하였습니다. 유머의 등급을 매긴다는 것이 다소 조심스럽기는 하지만, 그냥 생각 없이 웃기는 것보다, '아, 그런 거였어?'라며 이마를 '탁' 치게 만드는 위트 있고 재치 넘치는 유머야말로 질 높은 유머가 아닐까요? 이런 식으로 진지함을 자꾸 부정하려는 분위기가 만연할수록 생각하는 사람들은 점차 조롱과 경멸의 대상이 되어갑니다.

📢 진지함이 조롱받는 사회는 위험하다

솔직히 하나하나 문제의식을 제기하여 따지고 생각하는 것은 피곤한 일입니다. 가뜩이나 팍팍한 세상살이에 이런저런 고민거리도 많은데 굳이 웃자고 한 말까지 일일이 이성적으로 따지고 싶지는 않을 것입니다. 하지만 그런 무신경함 속에서 사회 전반에 이성적 사고가 배제되면 결국 우리 사회에는 독설, 조롱 혹은 감정에 호소하는 신파만 남을 것이라고 이라영 연구자는 말합니다. '욕하면서 본다'는 막장드라마가 인기를 끄는 이유와도 통합니다. 감정에만 호소하다 보면, 생각의 범위뿐만 아니라 결국 감정의 영역도 함께 좁

아집니다. 몇 가지 감정의 정답을 만들고 이를 모두에게 강요하려고 하니까요. 마치 모두 그렇게 느껴야만 정답인 것처럼 말이죠.

'느낌적 느낌'이라는 유행어처럼, 지금은 느낌의 시대입니다. 말한마디 한마디에 신중을 기하기보다 느낀 대로 툭툭 내뱉고, 재밌으면 깔깔 웃으며 너도나도 열광적으로 호응합니다. 하지만 앞서 말한 것처럼 진지함이 조롱받을수록 생각하는 인간은 우스꽝스러운 취급을 받기 쉽죠. 표현의 자유, 취향임을 방패 삼아 '생각하지 않음'을 정당화하는 태도가 자연스럽게 받아들여집니다. 소위 뇌를 거치지 않고 쏟아낸 듯한 막말조차 '팩트폭격', 나아가 '사이다 발언'으로 용인되는 식입니다.

그러나 이성과 감성이 연결되어 있듯이, 표현의 자유와 진지함 역시 적대적이거나 양립 불가능한 관계가 아니라 오히려 동반자적 관계입니다. 따라서 표현의 자유를 빌미로 진지함을 조롱하는 상황을 우리는 이제라도 '진지하게' 돌아볼 필요가 있습니다. 진지한 사람들을 유머감각이 부족한 엄숙주의자로 낙인찍어 배척하기보다, 재미와 진지함의 양립을 통해 생각하는 힘을 기르고, 생각하는 사람들이 좀 더 대접받을 수 있도록 노력할 때, 우리 사회 전체의 상상력 또한 더 커질 수 있을 것입니다. 아, 저도 예능을 다큐로 받은 건가요? 십선비 본능입니다.

글로벌 시대의 성장동력은 화합과 통합이라고 합니다. 이를 위해 서로에 대한 공감과 이해는 선택이 아닌 필수입니다. 그래서 이 책은 서로의 말을 이해하고 공감해보려는 노력에서 시작하려고 합니다. 청소년들이 질색하는 어른들의 말과 그런 말을 하는 어른들의 심리는 무엇인지 살펴보고, 한편 요즘 청소년들이 즐겨 쓰는 언어표현에서 그들의 문화를 읽어보려고 합니다. 무엇보다 우리가 일상생활 속에서 마치 유행어처럼 무심코 사용하고 있는 말들에 담긴 혐오와 차별, 편견에 대해서도 살펴볼 것입니다.

아는 것이 힘이라는 말도 있습니다. 먼저 말 한마디의 힘을 이해하고, 각자 언어 감수성을 높이려고 노력해보면 어떨까요? 흔히 생각 없이 제멋대로 행동하는 것을 가리켜 '무개념'이라고 표현합니다. 혹시 우리의 언어생활이 모두의 무관심 속에서 무개념으로 흘러가고 있는 건 아닌지 함께 반성해 보았으면 합니다. 평소 사용하는 말 속에 담긴 뜻을 한번 되새겨보는 것만으로도 꽤 많은 것이 달라질 수 있습니다. 내뱉는 말 한마디에 좀 더 신중해질 것이고, 다양한 혐오 표현 때문에 상처받는 사람들의 아픔에도 기꺼이 공감할 수 있을 테니까요. 그러는 동안 높은 언어 감수성을 지닌 성숙한 시민으로 성장할 거라고 믿어 의심치 않습니다.

정정희

차례

PART 02
새로운 문화를 창조해가는 우리들의 말
"재밌거나 단순하거나!"

PART 03

혐오와 차별에 저항하는 용기

"이런 말은 왜 문제일까?"

PART 04

소통의 물꼬를 트는 언어 감수성

"우리, 통하였느냐?"

라떼는 말이야..

"얘들아, 라떼는 말이야…" 🔍

'말은 소통의 기본입니다. 우리는 일반적으로 말이 잘 통하는 사람과 있을
때 심리적으로 한결 편안하고 또 속내도 훨씬 잘 터놓게 되죠. 말이 통하는
사람과는 생각이 통하고 감정이 통한다고 여겨지기 때문이겠지요? 그래서
인지 소통이 잘되면 관계도 한층 돈독해집니다. 반대로 소통이 잘 안 되면
관계는 삐걱거리고 심각한 경우에는 아예 파국으로 치닫기도 하죠. 평소
친구들과는 허물없이 속마음을 터놓으면서, 막상 부모님이나 선생님께는
선뜻 속내를 터놓지 못하는 청소년들이 많습니다. 겉으로 보기에 착한 아
들·딸, 착한 학생으로 보이는 경우라도 의외로 어른들과의 소통에 어려움
을 호소하기도 합니다. 특히 선생님이나 부모님과 대화를 할 때면 "대체 왜
저런 말을 할까?" 하는 생각에 차라리 귀를 닫아버리고 싶은 마음마저 들
곤 할 것입니다. 하지만 선생님이나 부모님 등 어른들은 청소년에게 매우
중요한 사람들이고, 이들과의 소통 단절은 고스란히 청소년 자신의 피해로
돌아오게 되죠. 그래서 이 책의 첫 장에서는 어른들은 왜 그런 말을 하는
지, 혹시 그들은 원래부터 그런 꼰대 기질을 타고난 사람들인지에 대한 궁
금증 등을 풀어보려고 합니다.

PART 01

차라리 귀를 닫고 싶은 어른들의 말

"아오, 진짜 도덕책!"

어른들은
오늘도 말하지,
"라떼는 말이야…"

여러분은 평소 집이나 학교에서 부모님이나 선생님들에게 자신의 속내를 허심탄회하게 털어놓으며 대화를 잘 나누는 편인가요? 물론 그런 경우도 있겠지만, 대체로 묻는 말에 마지못해 단답형으로 대꾸만 한다거나, 아예 집에서는 입을 꾹 다물어버리는 경우도 적지 않을 것입니다. 특히 사춘기를 지나면서 그런 경향이 두드러집니다.

속내를 털어놓는 대화는 주로 친구들과 나눌 때가 더 많죠. 함께 이런저런 대화를 나누다 보면 시간 가는 줄 모릅니다. 그와 달리 어른들과는 잠깐의 대화조차 불편하게 느끼는 데는 여러 가지 이유가 있겠지만, 어른들은 여러분의 눈높이에 맞춰 이해와 공감을 해주기보다 자신들의 관점에서 원치 않는 조언을 일방적으로 쏟아낸다는 것이 가장 큰 이유일 것입니다.

____ 예나 지금이나 어른들 눈에 요즘 것들은 탐탁지 않았다

본격적인 이야기를 시작하기 전에 다음의 대화 내용을 한번 살펴보도록 합시다.

> "어디에 갔다 왔느냐?"
>
> "아무 데도 안 갔습니다."
>
> "도대체 왜 학교를 안 가고 빈둥거리고 있느냐? 제발 철 좀 들어라."
>
> "왜 그렇게 버릇이 없느냐? 너의 선생님에게 존경심을 표하고 항상 인사를 드려라."
>
> "왜 수업이 끝나면 집으로 곧장 오지 않고 밖을 배회하느냐? 수업이 끝나면 집으로 오거라. 내가 다른 아이들처럼 땔감을 잘라 오게 하였느냐? 내가 다른 아이들처럼 쟁기질을 하게 하고, 나를 부양하라고 하였느냐? 도대체 왜 글공부를 하지 않는 것이냐?"

'땔감'이나 '쟁기질' 같은 표현을 제외하면 어딘지 모르게 참으로 익숙한 대화입니다. 마치 바로 엊그제 선생님이나 부모님께 들었던 잔소리 같다는 생각도 들 것입니다. 그런데 이것은 무려 기원전 1700년경, 수메르인이 점토판에 남긴 기록이라고 합니다. 까마득한 옛날부터 어른들은 아이들에게 공부하라고 다그치고, 버릇없다며 꾸짖었다고 생각하니 재미있습니다. 이 말을 조금 현대 버전으로 바꿔보겠습니다.

"어디 갔다 왔어?"

"독서실에 있었지."

"거짓말 마, 독서실에 없던데? 도대체 뭐 하고 돌아다니는 거야? 제발 철 좀 들어!"

"수업이 끝나면 곧장 집으로 와야지 대체 어디를 싸돌아다니다 온 거야?"

"너 엄마한테 말버릇이 그게 뭐니?"

"내가 너한테 돈을 벌어오라고 하니? 집안일을 하라고 하니? 그저 공부만 열심히 하라는데, 그게 그렇게 어렵니?"

표현만 조금 달라졌을 뿐, 별로 달라진 것 없이 알맹이는 거의 똑같습니다. 까마득한 옛날이나 지금이나 어른들이 볼 때, 아이들은 늘 어딘가 성에 차지 않는 불완전한 존재로 보이나 봅니다. 요즘 표현으로 해보면 **국룰**[1]인가요? 어린 시절 어른들에게 그런 말을 귀가 따갑도록 듣고 자라고, 어른이 된 후에는 다시 자신의 자녀나 주변의 나이 어린 사람들에게 똑같은 잔소리를 이어간 것입니다. 생텍쥐페리(Saint Exupery, 1900~1944)의 유명한 소설 《어린왕자》에는 이런 말이 있습니다.

"어른들은 누구나 처음엔 어린이였다. 그러나 그것을 기억하는 어른은 별로 없다."

....
1. 국민룰의 줄임말로 보편적으로 통용되는 정해진 규칙이라는 뜻의 신조어이다.

___ 라떼 한 잔 하실랍니까?

정말로 어른들은 천방지축 어린 시절을 전혀 기억하지 못하는 걸까요? 아니면 어른이 되면서 단체로 기억회로에 오류라도 생긴 걸까요? 게다가 1절만 들어도 충분히 골치가 아픈 폭풍 잔소리를 늘어놓은 끝에 어른들이 빼놓지 않고 덧붙이는 말이 있습니다. 마치 대단한 무용담처럼 말이죠.

> "나 때는 말이야. 돈이 없어서 학원 한 번을 못 다녔어도, 알아서 밤새워 열심히 공부했어."
> "나 때는 말이야, 여름에 에어컨은커녕 선풍기도 없는 푹푹 찌는 교실에 앉아서도 군말 없이 공부했지……."

이런 고리타분한 옛날이야기까지 듣고 나면 속으로 '아, 그래서 어쩌라고…….' 하는 생각과 함께 짜증이 나면서 빨리 자리를 피하고만 싶어집니다. 그러면서 이렇게 투덜거리지요.

> "에이, 도덕책!!"

이 말을 처음 들었을 때는 그저 어른들이 원리원칙만 따지며, '도덕책'처럼 현실감 없이 바른 소리만 하고, 바른 생활만 하라고 강요한다는 뜻으로 하는 말이려니 했습니다. 물론 그런 뜻도 있겠지만, 그보다는 '도대체'라는 의미라고 하더군요. 그런데 어쩌다가 '도덕책'이 된 걸까 궁금해서 알아보니, '도대체' 뒤에 웃음을 나타내는 초성 'ㅋㅋ'를 붙여서 입력하다가 실수로 **도대쵉**이라고 한 데서 생긴 말이라고 합니다.

여기서 퀴즈 하나 내볼까요? 젊은 세대보다 자신이 훨씬 더 현명하다고 철석같이 믿고 있는 기성세대를 가리키는 말인데요, '참교육'이라는 명분을 앞세워 듣는 사람의 기분은 아랑곳하지 않고 라떼 한 잔을 곁들인 훈계를 끝도 없이 늘어놓는 사람을 뭐라고 부를까요?

네, 정답은 때때로 여러분이 아버지나 선생님을 부르는 표현으로도 사용하는 꼰대입니다. 이 말은 최근 우리 사회의 뜨거운 유행어 중 하나입니다. 트렌드를 민감하게 반영하는 광고 카피부터 책이나 드라마 제목에도 이 단어가 자주 사용되고 있죠. 아마 누군가에게 "도덕책!"이라는 말을 듣는 순간 '꼰대'의 반열에 들어섰다는 인증을 받았다고 해도 과언은 아닐 것입니다.

특히 "라떼는 말이야……."는 꼰대 인증을 넘어 전 세대에서 유행어처럼 널리 사용되고 있죠. 여러분도 잘 알다시피 이 말의 뜻은 '나 때는 말이야…….'라는 말이죠. 해외에서도 이 말에 주목하면서 영어 번역을 엉뚱하게도 "Latte is horse"라고 하면서 웃음을 자아내며 유행을 더욱 부채질하게 되었죠. 평소 이런 말을 자주 하는 사람은 여지없이 '꼰대' 소리를 듣기 십상입니다.

"라떼는 말이야…어쩌고저쩌고…

그러니까 세상 좋아진 줄 알아, 이것들아!"

#라떼는_말이야_#is_#꼰대_인증_#추억은_방울방울

____ 사람들은 왜 과거를 추앙하는가?

꼰대로 대변되는 기성세대와 소위 '요즘 것들'의 대립은 비단 오늘날에만 불거진 일은 아닙니다. 동서고금을 막론하고 기성세대와 요즘 것들은 언제나 대립해 왔습니다. 시작하면서 소개한 수메르인의 기록만 봐도 알 수 있듯이, 고대사의 다양한 장면에서, 버릇없는 '요즘 것들'에 대한 기성세대의 비판이 속속 나오는 것을 보더라도 충분히 짐작할 수 있습니다.

그런데 꼰대는 꼭 기성세대인 어른에게만 해당되는 표현일까요? 요즘에는 꼭 그런 건 아닌 것 같습니다. '라떼는 말이야…….'는 나이가 몇 살이건 간에 자신보다 연배가 낮은 사람에게 자신이 경험했던 과거의 이야기를 대단한 무용담처럼 포장하여 자랑스레 이야기하는 것을 뜻합니다. 그래서 여러분도 많이 쓰고 있죠. 예컨대 고등학생은 자신의 중학생 시절과 비교하여 중학교 후배한테, 중학생은 초등학생 후배에게, 심지어는 초등학생이 유치원 다니는 동생들에게도 이 말을 쓴다고 하는군요. 중학생에게는 고등학생이 '꼰대', 초등학생에게는 중학생이 '꼰대'가 될 수 있는 거죠. 영국의 철학자 데이비드 흄(David Hume, 1711~1776)이 말했습니다.

"현재를 비난하고 과거를 추앙하는 것은 인간 본성이다."

그렇다면 아무리 세월이 더 지나도, 사람들은 자신보다 어린 사람들을 붙잡고 어김없이 "라떼는 말이야……."라고 하며 폭풍 잔소리를 이어가겠네요. 본성이니까요. 그럼 그때도 젊은 사람들은 "도덕책!"이라고 말대꾸할까요? 물론 시간이 흐르면 그때의 유행어로 바뀌어 있겠지만, 본질은 크게 달라지지 않을 것 같습니다. 소설 《동물농장》으로 유명한 영국의 작가, 조지 오웰(George Orwell, 1903~1950)이 한 말을 소개하고 싶습니다. 이 말에서 세대 간에 접점을 찾기가 왜 이렇게 어려운지 이유를 짐작할 수 있을 것 같습니다. 모든 세대는 늘 자신의 세대가 가장 뛰어나다고 생각하니 말입니다.

"모든 세대는 자기 세대가 앞선 세대보다 더 많이 알고, 다음 세대보다는 더 현명하다고 믿는다."

정말
우리 잘되라고
하는 말 맞죠?

02

앞서 우리는 "라떼는 말이야……." 라는 말과 함께 회화되고 있는 기성세대와 이들을 꼰대로 범주화하며 '도덕책'으로 맞받아치는 후세대의 풀리지 않는 소통 갈등에 대해 살펴보았습니다.

상호 간에 소통이 원활하게 이루어지려면 서로 생각이나 의견을 자유롭게 주고받는 것이 무엇보다 중요합니다. 하지만 한쪽은 "라떼는 말이야……."하며 자신의 관점이나 경험에 근거한 이야기만 일방적으로 늘어놓고, 또 다른 한쪽은 이를 '꼰대질'이라고 생각하며 귀를 닫아버린다면 원활한 소통은 요원한 일입니다. 상대에게 귀를 기울일 마음이 전혀 없는 상태라면 아무리 좋은 말이라도 듣기 싫은 일방적 잔소리로 받아들여질 뿐입니다. 세상에 일방적인 조언이나 잔소리를 달가워할 사람은 없으니까요.

___ 잔소리는 어른의 도리!?

요즘 들어 신구세대 간의 대립이 절정에 달하면서 단순한 대립을 넘어 혐오까지 일으키는 심각한 사회현상으로 자리매김하고 있는 것 같습니다. 이 두 세력의 대립은 대부분, '꼰대'들의 잔소리에서 시작됩니다. '꼰대'들의 눈에는 언제나 '요즘 것들'이 어딘지 모르게 부족하고 미성숙한 철부지로 보입니다. 그러다 보니 늘 그냥 참고 기다려주기보다는 한마디 조언이라도 보태어, 그 '요즘 것들'을 성숙한 어른으로 성장시키는 것이 어른 된 도리라고 여기는 거죠. 하지만 '조언'이라고 고급스럽게 포장했을 뿐, 실제로는 이미 다 알고 있는 뻔한 잔소리가 대부분입니다. 학교에서도 집에서도 상황은 마찬가지입니다. 귀가 따갑도록 폭풍 잔소리를 늘어놓은 끝에 자주 덧붙이는 말도 있습니다.

"이게 다 니들 잘되라고 하는 말이야."

다시 말해 "너를 사랑해서 일부러 하는 말이야.", "너에게 관심이 있으니까 특별히 하는 말이야."라는 뜻입니다. 그런데 이런 말을 들은 여러분이 과연 '아, 선생님이 나를 이렇게 특별하게 생각해주시다니, 참 고맙구나!'라고 생각하며 마음 깊이 새길까요? 물론 그런 경우도 있겠지만, 대부분 '썩소'를 날려주며, 속으로 이렇게 생각할 것입니다.

'대체 선생님이 언제부터 저한테 그렇게 관심 있었죠? 언제부터 저를 사랑했다는 것인지 도무지……?'

학교뿐만 아니라 가정에서 부모님들도 매번 잔소리 끝에, "다 너 잘 되라고 하는 말이야."라고 덧붙이십니다. 물론 부모님들이 세상 그 어떤 어른들보다 나를 사랑하고 있다는 것을 잘 알지만, 아무리 사랑해도 잔소리까지 반가운 건 아닙니다.

____ 독설 끝에 스스로 덧붙이는 면죄부와 잔소리의 정당화

사실 "다 너를 생각해서, 너 잘되라고 하는 말이야."라는 말은 잔소리하는 사람이 자기 자신에게 면죄부를 주고자 덧붙이는 말입니다. 즉 자신이 어떤 심한 말을 해도 다 상대방을 위한 '보약' 같은 말이기 때문에, 이로 인해 혹시 상대의 마음을 아프게 해도 괜찮다고 믿는 것입니다. 이와 비슷한 맥락으로 독설의 방패막이가 되어주며 합리화시켜주는 옛말도 있습니다.

良藥苦口, 忠言逆耳
양약고구, 충언역이

우리말로 풀이하면 "좋은 약은 입에 쓰고, 바른말(충고하는 말)은 귀에 거슬린다."는 뜻입니다. 그래서 듣기 싫은 잔소리를 하고 나면, 어른들이 이 말을 자주 덧붙이곤 하죠.

"좋은 약은 입에 쓴 법이지…… 아무렴."

이 말속에는 "내 말이 설령 너에게 상처를 주었더라도 올바른 말이기 때문에 나의 행위는 정당하다." 나아가 "정당하기 때문에 너는 절대 기분 나쁘게 생각하면 안 된다."는 은근한 협박까지 내포하고 있죠. 쉽게 말해 다 너를 위한 말인데 네가 화를 낸다면 말뜻을 제대로 이해하지 못한 네가 '부족한 사람'이거나, 좋은 것을 거부하는 '이상한 사람'이 되는 거라고 주장하는 셈입니다. 듣는 사람의 입장에서는 참으로 당혹스럽기 그지없습니다.

그런데 혹시 오해가 있을까 싶어 꼭 짚고 넘어가고 싶은 게 있습니다. 여러분에게는 어른들의 변명을 대신하는 것처럼 들릴지 몰라도, 그런 말을 하는 선생님이나 부모님은 그 순간 자신의 말에 진심이기도 하다는 것입니다. 정말 상대를 위한다고 생각하고 덧붙인 말이라는 거죠. 물론 그 말이 듣는 사람에게도 진심으로 받아들여질 것인지는 전혀 다른 차원의 문제입니다. 기본적으로 대부분의 잔소리는 듣는 사람을 기분 나쁘게 합니다. 많이 기분 나쁜가 덜 기분 나쁜가의 차이일 뿐이죠. '다 너 잘되라고 하는 말'인데, 희한하게도 듣는 사람의 마음은 불편해지는 것입니다. 여기에서 우리가 주목해야 할 것은 듣는 이의 마음이 불편해지거나 상하는 순간 아무리 좋은 의도로 한 말이라도 무용지물이 되고 만다는 점입니다. 왜냐하면 기분이 상해버린 상대가 그 말을 좋은 의미로 순순히 받아들일 리 없을 테니까요.

솔직하게 말하면 어른들도 누군가에게 잔소리 듣는 것을 싫어합니다. 그런데도 정작 어른들은 자신들이 하는 말은 잔소리가 아니라 '약이 되는 조언'이라고 착각하며 시도 때도 없이 상대방이 원치 않는 잔소리를 눈치 없이 쏟아내는 경우가 많습니다. '조언'의 뜻을 사전에서 찾아보면 "말로 거들거나 깨우쳐 주어서 도움을 주는 말"이라고 정의되어 있습니다. 한편 잔소리의 사전적 정의를 살펴보면 다음과 같습니다.

1. 쓸데없이 자질구레한 말을 늘어놓음. 또는 그 말.
2. 필요 이상으로 듣기 싫게 꾸짖거나 참견하다.

정의만 놓고 보면 조언은 도움을 주는 선의의 말, 잔소리는 원치 않는 듣기 싫은 말로 구분할 수 있을 것 같습니다. 하지만 조언과 잔소리의 경계는 늘 애매할 때가 많죠. 대체로 조언은 좋은 의도에서 시작되는 것이고, 잔소리는 그 의도와 관계없이 정도를 벗어나서 상대를 기분 나쁘게 하는 말이라고 합니다. 그래서 아무리 좋은 말이라도 듣는 사람이 전혀 원하지도 않고, 요청하지도 않은 상태에서 이루어진다면 잔소리, 그나마 요청에 의해 도움을 주는 것은 '조언'으로 받아들여지기 쉽죠.

____ 오지랖 넓은 프로 팩폭러를 아시나요?

요즘에는 빙빙 돌려 말하는 대신 정곡을 찌르는 말, 또는 그런 말을 하는 사람을 가리키는 신조어가 있습니다. '팩트폭격', '팩폭러' 등으로 부르지요. 이런 사람들은 상대방의 약점이나 단점을 에둘러 말하지 않고 정곡을 찔러 직설적으로 말합니다. 정곡을 찌른 나머지 말을 듣고 나면 '뼈를 때리는 아픔'이 느껴진다고 하기도 합니다. 뼈 때리는 팩트폭격을 당한 상황을 치킨에 비유한 재미있는 말들도 생겨났죠.

> 나 순살됐다!
> 몸값 2,000원 상승[2]

팩트폭격이란 팩트(fact), 즉 사실로 폭격 또는 폭력을 행사하는 사람이란 뜻인데요, 폭격이 휩쓸고 지나간 자리가 무사할 리 없듯, 팩트폭격 또한 듣는 이의 마음에 상처를 주기 쉽습니다. 팩트건 뭐건 간에 당하는 사람은 아프다는 뜻입니다. 특히 자신도 익히 알고 있는 단점들, 즉 무엇이 문제이고 어떻게 고쳐야 할지 잘 알고 있지만, 뜻대로 되지 않는 부분들에 대해 누군가 그런 것을 두고 '너 잘되라는 말'을 시시콜콜 보태는 것은 솔직히 별로 달갑지 않습니다.

....
2. 일반 치킨값보다 순살치킨 가격이 2,000원 더 비싼 데서 나온 말

상대가 전혀 원하지 않는 말이라면 조언이 아닌 '오지랖'인 거죠. 예로부터 우리는 눈치 없이 무슨 일이든 참견하고 간섭하는 사람을 두고 오지랖이 넓다고 표현했습니다. 오지랖이란 옷의 앞자락을 말하는데, 웃옷의 앞자락이 넓으면 안에 있는 다른 옷을 감싸버릴 수가 있는 것처럼 온갖 일에 간섭하고 참견하고 다니는 사람을 두고 비유적으로 '오지랖이 넓다'고 한 것입니다. 요즘 "낄 데 끼고, 빠질 데 빠져야 한다."는 속뜻을 담은 낄끼빠빠라는 신조어가 유행하는 것도 과도한 오지랖에 대해 거부감, 불편함을 느끼는 사람들의 공통된 심리를 잘 반영한다고 볼 수 있지 않을까요?

하지만 부모님이나 선생님들 마음 한구석에는 늘 여러분에게 뭔가 가르침을 주지 않으면 안 될 것 같은 일종의 책임감이 크게 자리하고 있습니다. 그래서 쉽게 잔소리를 멈출 수가 없죠. 그러나 이런 잔소리, 여러분들의 귀에는 순순히 조언으로 받아들여지기 어려울 것입니다. 어른들이 하는 사랑의 잔소리들을 정말, 우리가 잘되라고 하는 조언으로 받아들일 수 있는 방법은 없을까요? 사실 쉽지 않은 문제입니다. 이 문제를 해결하기 위해서는 말하는 사람과 듣는 사람 사이의 관계를 먼저 돌아봐야 합니다. 먼저 서로 신뢰하고 존중하는 관계를 쌓아야 하죠. 그런 관계에서는 상대방의 선의가 잘 받아들여질 가능성이 높기 때문입니다. 서로 말이 통하지 않는다며 소통에 불만을 토로하기 전에 우리가 '관계'에 주목해야 하는 이유입니다.

시키는 대로 하면 정말 자다가 떡이 생기나요?

03

　　　　　　　　수년 전부터 해마다 4월이면 학교
에는 노란 리본이 물결칩니다. 2014년 4월 16일, 그날의 아픔을 기
억하는 것이겠지요. 전체 탑승객 476명 중 304명이 사망 또는 실종
된 대형 참사, 세월호 참사에 대한 아픈 기억은 시간이 꽤 흘러버린
지금도 우리를 숙연하게 만듭니다. 사실 오랜 시간 수많은 인명을
앗아간 사건 사고들이 반복되었음에도 유독 세월호 참사는 전 국민
에게 깊은 트라우마를 남겼습니다. 여러 가지 이유가 있겠지만, 컨
트롤 타워의 부재와 초기 대처의 미흡으로 인해 걷잡을 수 없이 피
해가 커져 버린 인재(人災)였기 때문일 것입니다. 배가 좌초된 순간
부터 조금씩 물 밑으로 가라앉는 배의 모습과 구조 상황이 실시간
으로 중계되면서 사람들은 오랜 시간 조마조마한 마음으로 이를 지
켜보며 희망의 끈을 놓지 못했습니다.

"조금만 더 견뎌요, 모두 곧 구조될 거야!"

텔레비전 화면을 지켜보는 사람들 대부분의 마음속에는 아마도 이런 간절한 바람이 자리하고 있었을 것입니다. 하지만 어느 순간부터 더 이상의 구조자는 나오지 않았고, 바닷속으로 배가 조금씩 가라앉다가 마침내 시야에서 거의 사라지는 현장의 비극적인 모습이 온 국민에게 생중계되고 말았습니다.

___ 그냥 가만히 있으라면서요!

뜬금없이 웬 '세월호' 이야기인가 싶죠? 대한민국은 세월호 이전과 이후로 나뉜다고 할 만큼, 세월호 참사는 우리 사회에 지우기 힘든 깊은 상처를 남겼습니다. 희생자들에 대한 인간적 추모를 넘어서서 이것이 복잡한 정치적 이해관계로까지 연결되고 때로는 불필요한 사회적 논쟁을 불러일으키기도 했죠. 무엇보다 안타까운 점은 희생자와 그 유족들에 대해 입에 담기 민망할 만큼 거북하고 비이성적인 혐오의 발언들을 쏟아내어, 그들에게 2차 가해를 하는 것으로 모자라 새로운 사회갈등의 불씨를 지핀 사람들도 적지 않다는 점입니다.

살아남은 탑승자들의 증언에 의하면, 배가 기울어 물이 차오르는 긴박한 상황에서 선장 등 승무원들이 "가만히 있으라."라는 안내방송을 했다고 합니다. 그러면서 정작 본인들은 앞다투어 배에서 탈출해버렸죠. 그나마 구조된 사람들은 대부분 안내방송을 믿지 않고 빠져나오기 위해 적극적으로 움직인 승객들이었습니다. 한편 안타깝게도 안내방송을 믿고 차분히 기다렸던 사람들은 빠져나올 골든타임을 놓친 채 선실에 갇히고 말았던 것입니다. 가만히 앉은 채 속수무책으로 죽음을 맞이했던 거죠.

심지어 세월호에는 25명이 탈 수 있는 구명벌(life raft, 둥근 형태의 튜브 보트) 46대가 실려 있었지만, 사고 이후 단 한 대만 가동됐을 뿐 나머지 45대는 그대로 본선에 매달린 채 바닷속으로 가라앉아서 더더욱 안타까움을 더합니다. 이 참사를 계기로 우리 사회 전반에는 불신이 팽배하였습니다. 상대의 말을 믿고 기다려준 선량한 사람들, 그들이 보여준 믿음의 결과가 죽음이라는 배반으로 끝나버린 현장을 온 국민이 지켜보았으니까요. 사람들의 마음에는 이런 불신이 싹틀 수밖에 없었을 것입니다.

"그래, 순진하게 남의 말을 곧이곧대로 믿어봤자 나만 손해야, 일단 나부터 살고 봐야지……."

각자도생(各自圖生). 사회 전반에 불신이 팽배한 사회를 결코 건강한 사회라 할 순 없겠죠. 상대에 대한 신뢰 없이 오직 자신의 이익만을 추구하는 사람들, 자신의 이익을 위해 다른 사람을 가차 없이 배신하는 사람들로 넘쳐날 테니까요.

____ 세월호 참사 이후 심화된
세대 간 소통 단절과 어른에 대한 불신

세월호 참사가 우리 사회에 남긴 많은 영향 중에서도, 세월호 참사로 더욱 심화된 세대 간의 소통 단절에 대해서는 좀 더 주목해볼 필요가 있습니다. 먼저 '세대 차이'라는 말에 대해 생각해봅시다. 앞에서 "라떼는 말이야……." 이야기를 고등학생이 중학생에게, 중학생이 초등학생에게, 초등학생이 유치원생에게 한다고 했습니다. 나아가 쌍둥이들 사이에도 세대 차이가 존재한다는 말이 있는 만큼, 세대 차이에 이의를 제기하는 사람은 없죠. 그만큼 세대 간에는 의식의 차이와 함께 의사소통 방식에 있어서도 많은 차이가 있습니다. 그런데 단지 방법의 문제라면 소통 방법의 개선을 통해 해소할 여지가 있지만, 아예 상대의 말을 신뢰할 마음이 전혀 없다면 이는 다른 차원의 문제가 됩니다.

"저 사람이 하는 말은 그게 무엇이든 하나도 믿을 수가 없어!"

네, 이것은 믿음의 문제입니다. 특히 세월호 참사를 계기로 청소년들이 어른들의 말을 믿지 못하는 경향이 더욱 커졌습니다. 그들이 보기에 어른들은 결코 자신들을 이해하지 못하고, 또 그다지 이해하려고 하지도 않는 것 같습니다. 그러니 어른들이 '조언'이라고 생각하고 해주는 말들이 젊은이들에게는 늘 귀를 닫아버리고 싶은

'잔소리'로 받아들여지는 거죠.

2014년 한겨레사회정책연구소와 참교육 연구소가 세월호 세대인 서울·인천 고등학교 2학년을 대상으로 설문조사를 한 적이 있습니다. '세월호 참사가 청소년에게 어떤 영향을 끼쳤는지'에 대한 조사였는데, 그 결과를 보면 세월호 참사로 인해 청소년은 이전보다 사회 전반에 대한 불신이 커졌다고 합니다. 사고 당시는 물론, 이후 수습 과정에서 드러난 기성세대의 무능과 세월호 특별법 제정 과정에서 보여준 극렬한 마찰과 진통은 이러한 불신을 더욱 키우고 말았습니다. 그렇지만 이 일을 계기로 타인과의 협력 필요성, 방관자가 아니라 직접 사회를 바꾸고자 하는 실천 의지를 더 많이 갖게되었다는 긍정적 답변도 포함되어 있었죠.

청소년들이 가지는 사회에 대한 불신은 결국 어른들에 대한 불신으로 이어질 수밖에 없습니다. 그동안 청소년들에게 선생님, 부모님을 포함한 어른들은 절대적인 존재였죠. 대한민국은 오랜 시간 유교적 권위주의의 영향이 강한 사회였으니까요. 그동안 청소년들은 어른들의 잔소리가 짜증스럽고 귀찮을지언정, 최소한 어른들이 만들어낸 이 사회는 합리적이고 타당한 세계라고 믿었습니다. 그러니 좋든 싫든 이 사회의 질서에 순응하면서 성장하기만 하면, 어른들이 만든 그 안전한 세상의 일원이 될 수 있다고 믿었던 거죠. 우리 속담에 "어른 말(부모 말)을 들으면 자다가도 떡이 생긴다."라는 말도 있는 것처럼 가만히 어른 말에 순종해야 주어지는 떡, 즉 보상이 있다고 믿었던 것입니다.

___ 경제 위기의 장기화와 맞물리며 가중된 불신

다시 좀 전에 얘기했던 '가만히 있으라'는 말로 돌아가 봅시다. 이 말의 뜻은 어른들, 즉 기성세대가 만든 세상의 질서에 군소리하지 말고 복종하라는 말과 다르지 않습니다. 그런데 자다가도 떡이 생길 줄 알았던 기성세대의 말만 믿고, '가만히' 있었던 결과는 무엇이 었나요? 바로 참혹한 죽음이었습니다. 특히 죽기 직전까지도 해맑은 모습으로 믿고 기다리던 또래 친구들의 마지막 모습과 그 허무한 죽음을 지켜본, 청소년들이 받은 충격은 이루 말할 수 없을 정도로 컸을 것입니다. 엄청난 충격과 함께 시작된 기성세대에 대한 의심과 불신은 최근 가중되는 젊은 세대의 경제적 어려움과 맞물리면서 점점 더 심각해지고 있는 것 같습니다. 과거 경제 호황기에는 가만히 대학만 졸업하면, 어느 정도 취직이 보장되던 시절이 있었습니다. 하지만 지금은 중·고등학교, 심지어 초등학교 다닐 때부터 취업 걱정을 해야 하는 시절이 되었다는 말이 들려올 정도입니다.

그러나 여전히 학교에서는 "가만히 있어!"라는 호통이 판을 칩니다. 특히 수업 시간에 하루 종일 딱딱한 의자에 앉아 있어야 하는 학생들의 어려움을 선생님들은 이해하지 못합니다. 물론, 선생님들도 방학 때 직무연수를 받으러 가서 하루 8시간씩 책상에 앉아 있으면, 좀이 쑤시면서 여러분의 어려움을 이해하곤 하죠. 비록 아주 잠깐뿐이지만요. 개학해서 다시 교단으로 돌아오면 언제 그랬냐는 듯 잊어버리고 마니까요.

아직도 많은 선생님들은 학생들에게 늘 가만히 있기를 강요합니다. 어쩌면 집에서도 크게 다르지 않을 것입니다. 실제로 여러분이 선생님들에게 자주 듣는 말 중 하나가 "가만히 있어, 조용히 해!" 이런 말들 아닐까요. 언제나처럼 '가만히 있어'야 하는 수업 시간에 집중하지 못하는 학생들은 그저 옆에 있는 친구들과 소곤대다가 혼이 나거나, 꿈속에서 나 홀로 상상의 세계를 항해할 수밖에 없는 것입니다.

어리다고
무시하지
말아주세요…

04

여러분은 어른들이 어떤 말을 할 때 가장 듣기 싫고 거북한가요? 아마 여러 가지가 있겠지만, 분명 다음의 말도 여러분이 질색하는 어른들의 말 중에 하나로 손꼽히지 않을까 싶습니다.

"어린 게 뭘 안다고. 머리에 피도 안 마른 것들이……."

혹시 이 말을 하는 누군가의 모습이 벌써 머릿속에 생생하게 그려지는 건 아니겠죠? 이 말은 주로 어른들이 자기 말이 나이 어린 상대에게 먹히지 않는다고 생각될 때, 또는 자신의 생각과 다른 의견을 제시하며 말대꾸를 하는 젊은이를 한 방에 제압하려고 할 때, 마치 무기처럼 사용하는 말입니다.

_____ 어른의 지혜에만 의존해야 했던
과거와는 다른 초연결 사회

사실 과거에는 어른들의 이런 말에 감히 대놓고 따박따박 이의를 제기하는 젊은이들은 찾아보기 어려웠습니다. 물론 속으로야 부글부글 짜증이 났을지 모르지만, 일정 부분 당연하다고 여겼지요. 왜냐하면 당시에는 오늘날과 같은 체계적인 교육제도와 다양한 대중매체가 발달하지 않았기 때문에 극소수가 정보와 지식을 독점할 수밖에 없었습니다. 그러다 보니 오랜 시간 살아오면서 누적된 경험적 지식의 가치가 지금보다 훨씬 더 높은 평가를 받을 수밖에 없었죠. 자연히 청소년은 삶을 살아가는 데 필요한 지식과 지혜를 주변 어른들을 통해서 배워야 했습니다. 그런 시절에 어른들은 젊은이들보다 훨씬 더 많이 아는 지혜로운 존재로 인식되었고, 나이가 어리다는 것은 아는 것이 없고 심지어 어리석다는 의미로도 받아들여졌죠. 실제로 '어리석다'의 옛말은 '어리다'였으니까요. 그래서 "어린 게 뭘 안다고?"라고 무시해도 "네, 죄송합니다" 하고 대수롭지 않게 넘어갈 수밖에 없었던 거죠.

하지만 대중매체와 교육제도의 발달로 인해 더 이상 정보가 소수에게 독점되지 않습니다. 물론 연륜에서 오는 지혜를 마냥 무시할 순 없지만, 급격한 사회변화로 과거의 지식 중 상당 부분은 쓸모없어진 것들도 많죠. 그럼에도 불구하고 여전히 많은 어른들은 예전의 태도나 사고방식을 쉽게 내려놓지 못하고 있는 것 같습니다.

요즘 청소년들은 '학교'와 '집'이라는 사회에만 갇혀 살지 않습니다. 꼭 직접 가보지 않더라도 인터넷을 통해 다른 학교, 다른 지역, 다른 사회와 얼마든지 연결되는 초연결 세상에 살고 있죠. 그러다 보니 예전에 보이지 않던 새로운 문제들이 자꾸 눈에 보입니다. 때로는 교칙이 부당하고, 때로는 급식 메뉴가 부당하고, 나아가 학교에서 이루어지는 교육활동조차 뭔가 부당하다고 여겨질 때가 있습니다. 그러다 보면 점점 더 가슴이 뜨거워지며 자신의 목소리를 내고 싶어지게 되지요. 그런데 용기를 내서 뭔가 자신의 목소리를 냈더니, 그 용기에 찬물을 끼얹는 소리가 들려옵니다.

"어린 게 뭘 안다고 나서냐, 나서길?"

여기서 한 마디 말대꾸라도 보탠다면, 돌아오는 말은 더 험해집니다.

"머리에 피도 안 마른 것들이……. 쯧!"

그리곤 기어이 쐐기를 박듯이 한마디를 얹습니다.

"쓸데없는 짓 말고 그냥 공부나 해!"

콤보 세트처럼 이어지는 말에 분위기는 험악해집니다. 이쯤 되면 인내심이 무너지면서 말대꾸하고 싶은 마음이 불쑥 솟아납니다.

#잔소리는_ #백날_얘기해봐야_ #그냥_#잔소리일 뿐

"네네, 그렇게 잘나셨어요? 그러면 우리가 신경쓰지 않게 어른들도 자기 일을 좀 똑바로 하시든가요!"

___ 자기주도성에 목마른 청소년들

선생님들이나 부모님이 볼 때, 청소년기에 공부 말고는 다 '쓸데없는 일'처럼 보입니다. 특히 어른들이 볼 때, 가장 쓸데없는 일은 게임이겠지요. 여러분도 집에서 게임에 빠져 시간 가는 줄 모르다가 폭풍 잔소리를 들었던 경험이 있을지 모릅니다. 하지만 어른들과 달리 청소년에게 게임은 매우 매력적으로 다가옵니다. 《세상을 바꾼 10대들, 그들은 무엇이 달랐을까?》라는 책을 보면, 10대들이 게임에 빠지는 이유에 대해 이렇게 이야기합니다.

"게임이야말로 '자기주도적 활동' 그 자체다."

논어(論語)에도 천재는 노력하는 사람을 이길 수 없고, 노력하는 사람은 즐기는 사람을 이길 수 없다는 구절이 있습니다. 누가 억지로 시켜서 노력하는 것이 아니라 스스로 즐기며 자발적으로 몰입할 때 가장 좋은 성과를 낸다는 것은 예나 지금이나 진리인 것 같습니다. 예컨대 여러분도 자신이 좋아서 하는 일이면 누가 굳이 옆에서 시키지 않아도 알아서 신이 나서 척척 할 것입니다. 이러한 원리를 학습에 적용하여 '자기주도적 학습'이니 뭐니 하면서 '자기주도성'을 강조하기도 합니다. 원론적으로는 당연한 말이기는 하지만, 정작 '공부나' 해야 하는 당사자인 청소년의 입장에서 '공부'에 대한 자기 주도성을 발휘하기란 말처럼 쉽지 않습니다. 이 책에서는 또 자기 삶을 주도하지 못하는 사람을 좀비나 레밍[3]에 비유하면서 또 이렇게 말합니다.

> "억눌린 일상과 달리 게임 안에서는 누구보다 굉장히 자기 주도적인 사람이 되고 주인의식을 발휘할 수 있습니다. 좀비 친구들은 마음과 달리 단 한 번도 자신의 삶을 주도해 본 적이 없습니다. 한때는 자신 안에 뭔가 꿈틀대서 이것저것 주도적 활동을 해 보고도 싶었습니다. 하지만 공부 말고는 다 쓸데없는 짓거리라는 비난을 많이 받은 탓에 이제는 주도적인 활동이 무엇인지조차 모르는 상태가 되었습니다. 평소 성적과 경쟁에 억눌린 감정을 즐거운 자기 주도적인 활동에서 발산해야 하는데, 활동이 부족하다 보니 게임과 스마트폰에만 빠져들어 좀비가 된 친구들이 많습니다. 우리나라 청소년들이 레밍과 좀비로 가득 찬 이유는 여기에 있습니다."[4]

....

3. 나그네쥐, 먹이를 찾아 집단으로 이동하는 습성이 있는데, 그러다 보니 선두에 선 한 마리가 벼랑으로 뛰어들면 모두 따라 뛰어들어서 한꺼번에 죽기도 한다. 이를 비유하여 우두머리나 자신이 속한 집단이 하는 대로 맹목적으로 따라하는 집단적 편승효과를 가리켜 레밍신드롬 이라고 한다.
4. 정학경, 《세상을 바꾼 10대, 그들은 무엇이 달랐을까?》, 미디어숲, 2020, 194~195쪽

중2병보다 심각한 사회구조적인 문제

어른들의 말이라면 무조건 반항하고, 나름의 멋에 취해 살아가는 청소년들에게 붙여지는 딱지가 있습니다. 여러분도 '중2병'이라는 말을 들어본 적이 있을 것입니다. 이 말은 일본에서 처음 만들어진 속어인데, 중학교 2학년 무렵 사춘기를 겪고 있는 청소년들의 심리 상태를 빗댄 말입니다. 우리나라로 넘어오면서 굳이 사춘기 연령대에 국한하지 않고, 전 연령대에서 자아도취적이거나 반항심, 허세, 상상력이 과도한 사람을 비꼬는 표현으로 폭넓게 사용되고 있죠. 혹시 여러분도 '중2병'을 앓았나요? 아직이라면 언젠가 반드시 앓고 넘어가게 될까요? 진짜로 그런 병이 청소년 사이에 유행하여 병명까지 생긴 것인지는 알 수 없으나, 중2가 무서워서 북한이 쳐들어오지 못한다는 우스갯소리마저 떠돌 정도이니 중2병이 사회적으로 꽤 심각하기는 한가 봅니다.

심지어 중2병은 우리 사회에서 다양하게 변주되고 있습니다. 사춘기가 점점 빨라지면서, 초4병이라는 것도 생기더니, 급기야 요즘은 대2병이 유행이라고 합니다. 그런데 증상까지 모두 비슷한 것은 아닙니다. 예컨대 중2병은 자신감이 너무 넘쳐서 주변에서 감당이 안 되는 병이라면, 대2병은 반대로 자존감이 바닥을 쳐서 힘든 병이라고 하니까요. 한 설문조사 결과에 의하면 전체 대학생의 무려 66% 정도가 대2병을 경험한다니 유행은 유행인가 봅니다. 초등학교 때부터 부모님이나 선생님이 시키는 대로 열공해서 좋은 대학에 들어가기는 했는데, 자존감이 높아지기는커녕 오히려 낮아지다니 참으로 망연자실한 심경일 것입니다. 학창 시절 죽도록 공부만 할 것을 강요받는 청소년들에게 어른들이 던지는 유일한 희망의 메시지는 이런 종류였습니다.

"대학 가면 실컷 놀 수 있으니, 조금만 참자!"

대학만 가면 온갖 세상 시름이 사르르 녹아버릴 것만 같은 달콤한 유혹의 말입니다. 그런데 더 나은 미래를 위해 현재의 행복을 '담보' 삼아 참고 또 참으면서 그렇게 노력했건만, 막상 마주한 대학은 늘 꿈꾸던 낭만적인 곳이 아닙니다. 게다가 요즘 같은 불경기에는 대학 졸업 후 취업에 대한 불안감과 공포까지 더해져 마냥 캠퍼스의 낭만을 즐길 수도 없습니다. 이제 겨우 살벌한 입시경쟁이 끝났나 싶었는데, 지나온 것과는 비교할 수 없는 독하디독한 경쟁이 또다시 시작된 거죠. 끝이 보이지 않는 무한경쟁의 세계에 다시 뛰어들어야 합니다.

그래도 고등학교 시절까지는 성적만 잘 나오면 기분이 으쓱해지면서 엄마 아빠한테 한껏 큰소리도 치고, 나름 잘난 맛에 살았는데, 막상 대학엘 가보니 잘난 애들이 왜 그렇게 많은지, 자신은 평범하다 못해 초라하게 느껴지고, 나아가 자존감까지 바닥을 치게 되는 거죠. 쓸데없는 짓 말고 공부나 하라고 해서 묻지도 따지지도 않고 그저 열심히 외우고 공부만 해왔는데, 그렇게 선택한 대학의 전공이 과연 자신과 잘 맞는지도 헷갈리게 됩니다. 이쯤 되면 심각한 정체성의 혼란이 오지 않는 것이 더 이상할 정도입니다. 단순히 중2병, 대2병 등으로 개인의 문제라고 이야기하기엔 사회 구조적 문제가 그만큼 심각하다는 뜻입니다.

___ 일방적 조언이 더 이상 통하지 않는 불확실성 시대

1학년 때는 그나마, 대학생이 되었다는 기쁨과 흥분을 만끽하기도 합니다. 대부분 교양수업을 듣기 때문에 '전공'에 대한 고민도 잊고 지내지만, 그것도 잠시, 2학년 때 전공 공부가 본격적으로 시작되면 슬슬 스트레스가 쌓입니다. 공부만 열심히 하라던 선생님과 부모님에 대한 원망은 물론 이런 교육제도와 사회구조를 만든 세상을 원망하게 되고, 급기야 걱정 근심 때문에 잠도 잘 오지 않는 것이 '대2병'의 주된 증상이라고 합니다. 세계적으로 저성장 기조가 장기간 이어지면서 취업에 대한 현실적인 고민이 커진 것도 그 원인 중 하나입니다. '대학'이라는 목표만을 향해 앞만 보고 달려왔건만, 또다시 '취업'이라는 목표를 위해서 자신의 적성이나 소질은 생각할 겨를이 없이 달려가라고 합니다. 사실 우리 청소년들은 태어나서 지금까지 거의 대학만을 목표로 살도록 강요받고 있습니다. 무엇이 되고 싶은지, 어떻게 살아야 할지 모르겠다고 하면, 선생님과 부모님은 이렇게 말합니다.

"일단, 공부나 열심히 해서 좋은 대학만 가면 다 해결해 줄 거야. 지금 꿈을 찾느라 공부를 하지 않으면, 나중에 꿈을 찾아도 성적이 안 되어서 원하는 대학에도 못 가."

그렇게 모든 고민이 스르륵 해결될 줄 알았던 대학 생활이건만, 여전히 무한경쟁의 굴레에서 벗어날 길이 없습니다. 오랜 시간 참고 유보해왔던 꿈과 장래, 적성에 대해 생각할 조그만 틈조차 허용할 수 없을 만큼 치열한 경쟁이 다시 시작된 것입니다. 그러니 자신의 꿈이나 적성 따위는 무시하고 소위 '취직'이 잘 되는 학과를 선택한 학생, 자신이 무엇을 진심으로 좋아하는지 또 무엇이 되고 싶은지 미처 알 기회조차 없었던 학생 등을 비롯한 상당수가 대2병을 앓으며 방황하게 되는 것입니다.

특히나 불확실성이 넘쳐나는 요즘 세상에서 살아가기 위해서는 어떤 위기 상황에서도 당황하지 않고 해결 방법을 이끌어 낼 수 있는 창의적이고 융통성 있는 사고능력과 철학이 필요합니다. 그러니 "닥치고 공부나 해. 그러면 모든 게 다 해결돼." 같은 조언은 통하지 않는 세상이 되었습니다. 어쩌면 우리 청소년들은 이미 그러한 현실을 너무나 잘 알고 있는지도 모릅니다. 그래서 예전처럼 고분고분 받아들일 수 없는 것입니다. 그러니 선생님들이나 부모님이 습관처럼 하시는 말에 점점 더 귀를 닫게 되는 것 같습니다.

"지금은 그냥 쓸데없는 짓 말고 공부나 해."

아무리 좋은 뜻으로 이런 말을 해봐야 꽉 막힌 벽에 대고 하는 말과 다르지 않습니다. 아마도 머릿속에는 이런 의심이 차오를지 모릅니다.

"정말 공부만 하면 되는 거 맞아요?! 책임지실 수 있어요?"

안타깝지만 어른들도 여러분의 미래가 어떻게 될지 잘 모릅니다. 그저 어른으로서 자신의 경험에 기댄 이야기를 해줄 뿐입니다. 조언을 해주는 거죠. 하지만 앞서도 말했듯이 상대방에게 들을 마음이 없을 때 조언은 듣기 싫은 잔소리에 불과합니다. 세대 간 소통의 단절이 점점 더 심각해지는 이유이기도 합니다.

엄마 친구의
아들, 딸들은
왜 그리 잘난 걸까요?

05

인간은 누구나 세상에 단 하나뿐
인 소중한 존재입니다. 그리고 있는 그대로 자신의 모습을 인정해
줄 때 진정한 행복을 느끼죠. 하지만 어찌 된 일인지 있는 그대로의
모습보다는 자꾸 누군가와 시시때때로 비교를 당하게 됩니다. 가깝
게는 형제자매부터 특히 내가 잘 알지도 못하는 잘난 누군가와 비
교당할 때면 참으로 불쾌한 기분이 몰려옵니다.

____ 우리를 기죽이는 '엄친아', '엄친딸'의 실체

여러분도 들어본 적이 있는 '엄친아', '엄친딸'이라는 말은 언제부터
인가 일상적으로 쓰이는 말이 되었습니다. 잘 알다시피 '엄마 친구

아들', '엄마 친구 딸'의 줄임말이죠. 아마 여러분도 나와 별 상관도 없고 얼굴조차 잘 모르는 소위 '엄친아' 또는 '엄친딸'과 비교를 당하면서 한 번쯤 열등감을 느껴본 적이 있을지 모릅니다. 이 말이 본격적으로 사용된 것은 2005년 전후라고 합니다. 좀 더 구체적으로는 2005년 네이버 웹툰 〈골방환상곡〉 제8화 '우월한 자'에서 매사에 뛰어난 '엄마 친구 아들'이라는 말을 사용하면서 유행하게 되었다고 하네요. 여기서 궁금증이 듭니다. 왜 엄마 친구의 아들 또는 딸은 하나같이 인물 좋고, 착하고, 심지어 공부까지 잘하는 완벽한 캐릭터인 걸까요?

심지어 요즘에는 엄친아와 엄친딸이 되려면 또 다른 조건이 필요합니다. 처음에 '엄친아, 엄친딸'이라는 말은 주로 만인이 부러워할 만큼 우월한 재능, 인성, 외모 등을 가진 사람을 뜻하는 말이었습니다. 그런데 이제 그 사람의 타고난 유복한 가정환경, 빵빵한 경제력까지 아우르는 말이 되고 말았습니다. 즉 개인이 아무리 잘생기고 능력까지 뛰어나도, 집안이나 경제력이 받쳐주지 않으면 엄친아, 엄친딸조차 될 수 없는 현실이 씁쓸하기만 합니다. 최근에는 확장된 응용 버전으로 '부친남(부인 친구의 남편)'이라는 말까지 생겼다고 합니다. 아내에게 아내 친구의 남편과 늘 비교당하는 남편들의 비애를 엿볼 수 있는 말이죠. 이런 말들을 들으면 어른, 아이 할 것 없이 사람들은 비교하는 것을 정말 좋아한다는 생각이 듭니다. 정작 비교당하는 사람의 씁쓸한 감정은 무시한 채 말입니다.

인지부조화와 사회비교이론으로 유명한 사회심리학자 페스팅거

#비교하지_말고_#있는 그대로의_#나를_#존중해주세요!

(Leon Festinger, 1919~1989)는 "사람들은 누구나 남과 비교하려는 욕구를 가지고 있으며, 이는 인간의 본성이므로 지극히 자연스러운 일"이라고 하였습니다. 마치 배고픔이나 목마름의 욕구처럼 말입니다. 오히려 인간에게 있어 다른 누군가와 비교하지 않는 일이 더 어렵다는 의미입니다. 그리고 이러한 비교는 나름의 순기능이 있다고도 하였습니다. 즉 비교는 우리에게 새로운 정보를 제공하거나, 동기유발을 하기도 하니까요. 그런 의미로 생각하니 부모님이나 선생님들이 항상 여러분을 누군가와 비교하는 것은 '동기유발'을 위한 깊은 뜻이 담겨 있는 것 같군요. 어머니가 '엄친아'와 비교를 하는 이유는 자기 자녀가 비교의 대상만큼, 혹은 그 이상 잘해주기를 간절히 바라는 마음 때문이었나 봅니다.

_____ 동기유발은커녕 마음의 상처만 남기는 비교

네, 백번 양보하여 동기유발을 위한 선한 의도에서 비롯된 비교였다고 합시다. 그렇다면 비교는 정말 동기유발에 긍정적 효과를 가져올까요? 굳이 먼 데 있는 엄친아, 엄친딸에서 찾지 말고 가까운 형제자매 사례를 들어봅시다. 형제자매는 대체로 함께 살다 보니 같은 학교를 다니는 경우가 많습니다. 그래서 형제자매를 모두 가르치게 되는 선생님도 계시죠. 특히 모범생 형이나 언니를 둔 학생이라면 종종 듣게 되는 말이 있습니다.

"예전에 너희 형은 안 그랬는데."

"너의 언니는 모범생이었는데……." 등등

너무 자연스럽게 비교의 말을 듣게 됩니다. 선생님들이 이렇게 말하는 이유 역시, 학생에게 형이나 언니와의 경쟁심을 유발하여 좀더 노력하도록 하려는 격려의 뜻이겠지요. 즉 동기를 자극하려는선한 의도인 경우가 많다는 뜻입니다. 그러나 결과적으로 이러한비교는 동기유발이라는 긍정적 결과보다는 학생의 자존감에 깊은상처만 남기는 경우가 훨씬 더 많습니다. 자꾸 비교하는 말을 듣다보면, 평소 자신의 장점이라고 생각했던 것들이 한순간에 초라해지고, 자신의 장점보다는 결핍이나 부족함에만 자꾸 신경이 쓰이게됩니다. 심리학적으로도 지속적으로 남들과 비교하거나 비교당하게 되면 자존감이 낮아지고 열등감에 빠지게 된다고 합니다.

물론, 달리 해석한 학자도 있습니다. 심리학자 아들러(Alfred Adler, 1870~1937)는 적절한 열등감은 인간을 진보시키고 성장시키는 자극제이며 촉진제라고 하였으니까요. 아무리 그렇다고 해도 지나친 열등감은 오히려 사람을 위축시킬 뿐만 아니라, 도피나 공격성 등의 병리적 증상까지 가져올 수도 있다고 합니다.

백번 양보하여 선생님들의 이러한 말이 학생의 마음속에서 경쟁심리를 유발하여, 공부를 열심히 하겠다는 동기를 유발한다고 해도, 친구는 물론이요, 형제자매들에 대해 함께 도우며 성장하는 동료가 아니라 오로지 밟고 올라서야 할 경쟁의 대상으로만 만든다는 점에서 상당히 위험한 말이라고 할 수 있습니다. 꼭 다른 사람을 이겨야만 얻을 수 있는 것이 성공은 아닐 텐데 말입니다. 설사 이겼다고 칩시다. 하지만 친구나 형제자매까지 이겨서 얻을 수 있는 성공이란 대체 무엇일까요? 과연 진심으로 뿌듯함과 보람 그리고 행복감을 느낄 수 있을까요?

___ 타인의 시각에 의존해 자신의 존재의미를 정할 때 범하는 오류

사람은 누구나 타고난 재능이나 능력이 제각각입니다. 개개인은 저마다 절대적인 가치를 가지고 있고, 이러한 서로 다른 개개인의 절대적 가치를 상호 존중 및 인정해줄 필요가 있습니다. 그런데 비교는 고유한 절대적 가치조차 모조리 상대적 가치로 전락시키고 맙니다. 따라서 누군가에게는 반드시 패배감을 안겨주고, 나아가 자존감마저 떨어뜨리는 결과를 가져오죠. 뭔가 이루기 위해 순간순간 열심히 노력해온 과정은 깡그리 무시한 채 오직 결과만을 가지고 자신의 가치를 매기게 되고, 다른 사람의 시각으로 자신의 존재 의미를 정하게 됩니다.

두 대상을 비교할 때, 우리가 흔히 범하는 오류가 있습니다. 비교가 제대로 되기 위해서는 기준이 되는 한 가지 특성을 빼고는 동일한 특성을 지녀야 합니다. 예를 들어, '오토바이와 자전거'는 교통수단으로서의 장단점을 서로 비교해볼 수 있겠죠. 하지만 '오토바이와 선풍기'를 비교하지는 않습니다.

사람들은 누구나 타고난 환경이나 주어진 기회가 다릅니다. 애초에 많은 것을 갖고 태어난 사람과 적게 타고난 사람의 성취 결과를 동일선상에서 비교할 수는 없습니다. 그런데도 우리는 자신이 가진 최악의 것과 남이 가진 최고의 것을 비교하는 거죠. 그러다 보면, 자신이 가진 많은 장점을 다 제쳐둔 채 오로지 자신의 단점만 자꾸 부각시킵니다. 더 억울한 건 비교의 대상에 대한 정확한 정보를 가지고 타당하게 비교하는 것도 아니라는 점입니다. 제대로 알지 못하고서 겉으로 보이는 성취나 결과만을 가지고 비교한다거나, 급기야 비교를 위한 비교에 빠져버립니다. 비교 대상을 찾아내는 건 어렵지 않은 일이니까요.

열등감

심리학자 아들러는 "열등감은 연약한 인간에게 자연이 준 축복이다."라고 하면서 열등 상황을 극복하여 우월의 상황으로 나아가게 하는 힘을 지녔다고 했다. 강한 열등감은 인간의 잠재능력을 발달시키는 자극제로 본 것이다. 돌이켜보면 인류의 역사는 불안과 열등감을 극복하기 위해 노력하는 과정이었고, 교육의 기초와 가능성도 열등감에서 발견했다. 자신의 약함이나 약점을 극복하고자 하는 욕구에서 교육적 도움을 받아들이고 자신의 환경적 요구에 적응하여 약함을 가능한 빨리 극복하려는 노력을 하게 되었다고 본 것이다.

※자료: 김춘경 외, 2016, 《상담학 사전》

어쩌면 여러분이 '엄마친구 아들(또는 딸)'과 비교를 당하고 있을 때, 장담컨대 그 엄마의 친구는 자기 자녀를 세상의 또 다른 엄친 아, 엄친딸과 비교하고 있을 것입니다. 행여 누군가 여러분을 형이나 누나 또는 세상의 어떤 엄친딸, 엄친아와 비교한다고 해도, 여러분은 어디까지나 여러분 자신이라는 사실을 잘 알고 있어야 합니다. 그러니 누군가와 비교당한 특정한 잣대 하나 때문에 스스로 열등감에 빠지거나 자괴감에 휩싸이지는 않았으면 합니다. 물론 자신에게 부족한 점을 파악하는 것은 중요합니다. 약점을 극복하려는 의지가 성장을 일으키는 원동력이 되기도 하니까요. 하지만 그 또한 타인의 강요가 아니라 개인의 자발성을 전제로 해야 합니다. 무엇보다 여러분 스스로 약점에 매몰되지 않고, 자신만이 가진 고유한 개성이나 장점에 집중할 줄 아는 마음이 필요하지 않을까요?

어맛,
너무 재밌어…

너무 재밌는 시간순삭 말장난 대잔치

앞장에서는 주로 어른들이 무심코 쓰는 말 중에서 청소년들이 거부감을 가지고 있는 표현들을 중심으로 살펴보았습니다. 여러분이 불편해하는 말들의 공통된 문제점은 말하는 사람의 수고가 무색하게 듣는이의 귀를 닫게 만드는 일방적 소통에 있었죠. 즉 상대에 대한 존중이 결여된 상태로 일방적으로 쏟아내는 말들로 인해 더 이상 대화하고 싶지도, 상대의 말을 듣고 싶은 마음도 싹 사라지게 만드는 마법을 발휘하는 거죠. 점점 더 높은 소통장벽을 쌓는 말들입니다. 우리가 주목할 점은 이런 말들은 하나하나 따지고 보면 선한 의도로 한 말이지만, 듣는이에게는 오히려 불편함을 안겨준다는 사실입니다. 이처럼 상대방의 의도가 아무리 선하더라도 듣는 사람이 불편하고, 또 귀를 기울여 들을 의사 또한 없는 말인 경우에는 원활한 소통으로 이어지기 어렵습니다. 그렇기 때문에 서로 신뢰할 수 있는 관계 형성이 중요하다는 것도 알았을 것입니다. 그럼 이제부터는 요즘 청소년들이 말로써 자신들의 새로운 문화를 만들어가고 있는 현상을 살펴보려고 합니다. 평소 여러분들이 아무렇지 않게 사용하는 말들에 담긴 순기능과 역기능도 함께 살펴봅시다.

PART 02

새로운 문화를 창조해가는 우리들의 말

"재밌거나 단순하거나!"

전염성 강한 휴먼급식체를 아시나요?

혹시 여러분은 아래의 말을 단번에 이해할 수 있나요?

> "아, 행님들, 급식체 스타일 오지는 부분 ㅇㅈ? 엠X 개X 지리는 각. 안 쓰면 개애바."

수년 전 한 코미디 프로그램에서 '급식체'를 주제로 한 개그를 선보여서 화제가 된 적이 있습니다. 그만큼 학생들 사이에서 '급식체'가 광범위하게 사용되고 있었고, 나아가 이것이 다른 세대로도 전파되었던 것입니다. 원래는 온라인상의 특정 사이트를 중심으로 특정 집단에서 주로 사용되던 것이었는데, 이 프로그램을 통해 소개된 뒤로는 사회적 유행어가 되어버렸습니다.

밈이 되어버린 급식체

급식체는 "급식을 먹는 사람들, 즉 학생들이 사용하는 말"이라는 뜻입니다. 바로 여러분이 자주 사용하는 언어입니다. 원래는 학생을 '급식충'이라고 부르던 말에서 유래하여 학생들을 비하하는 의미로 쓰였으나, 이제는 청소년들 사이에서도 '급식체'라는 말은 거부감 없이 받아들여지고 있는 것 같습니다.

한 교복회사에서 실시한 설문조사에 의하면, 전체 조사대상 학생의 약 71.8%에 해당하는 학생들이 평소에 급식체를 사용하고 있다고 답했으며, 그중 과반이 넘는 약 52.4%의 학생이 '자주 사용한다'고 답변했습니다. 반면 약 1.9%만이 '거의 사용하지 않는다'고 응답했다고 하는군요. 급식체를 사용하는 이유에 대해서는 약 60.8%에 해당하는 학생들이 '쓰다 보니 재미있어서'라고 답했고, '친구들 사이에서 유행하고 있기 때문에'라는 답변이 약 11.5%로 뒤를 이어 학생들의 언어생활이 재미와 트렌드를 따라가고 있다는 사실을 새삼 확인할 수 있었습니다. 급식체 역시 청소년들 사이에서 하나의 밈이 되어버린 것 같습니다.

여기서 밈(meme)이란 영국의 생물학자 리처드 도킨스(Richard Dawkins)가 만들어낸 용어로 1976년 출간한 저서 《이기적 유전자 The Selfish Gene》에서 나왔습니다. 도킨스는 문화의 전달은 유전자(gene)의 전달처럼 진화의 형태를 취한다고 보았습니다. 이에 도킨스는 '모방'이라는 뜻의 그리스어 '미메메(mimeme)'와 '유전자

(gene)'가 스스로를 복제하듯 문화요소를 복제한다는 뜻을 함축하는 '밈'이라는 한 음절의 용어를 착안한 거죠. 다시 말해 마치 생물학적 유전자처럼 사람의 문화심리에 영향을 주는 요소가 밈입니다. 이 말은 《옥스퍼드영어사전》에도 올라 있는데, "모방 등 비유전적 방법으로 전달된다고 생각되는 문화의 요소"로 정의되어 있죠.

현재 '밈'은 인터넷 커뮤니티에서 통용되는 그들만의 '공통된 유머 포인트'를 의미하기도 하는데, 그 유형과 종류는 실로 다양합니다. 때론 유행어가 될 수도 있고, 우스운 댓글을 차용해 사용하는 것이 될 수 있으며, 유명한 노래를 너도나도 패러디하는 현상 또한 밈이라고 할 수 있습니다. 마치 생물학적 유전자가 복제되고 전파되는 것처럼 사회문화 요소가 끊임없이 복제되고 확산되는 것입니다. 이러한 문화 요소들은 특히 특정 집단(커뮤니티)을 중심으로 복제되고 전파, 확산된다는 점에 주목해야 합니다. 즉 불특정 다수가 참여하여 콘텐츠를 끊임없이 복제하고 다른 사람에게 전파해 줄 때, 비로소 밈이 될 수 있기 때문이죠. 그러한 이유로 커뮤니티는 곧 전파의 필수 매개가 되는 셈입니다.

특히 인터넷이 발달한 오늘날과 같은 뉴미디어 사회에서는 온라인 커뮤니티에서 유행어 같은 문화적 특질이 과거와 비교할 수 없을 만큼 빠르게 전파 및 복제됩니다. 동일한 문화적 특질을 공유함으로써 커뮤니티의 결속력을 키우고, 집단의 영향력을 대변하기도 하는 거죠. 더 많이 복제되고, 더 많이 전파될수록 그만큼 강력한 힘을 가진 것이 '밈'이고, 그럴수록 그러한 문화 요인을 공유하는 집

너무 재밌어서 널리널리 퍼뜨리고 싶은
말장난 대잔치

단의 영향력 또한 강해집니다.[1] 급식체 역시 말과 말의 전달을 통해 또래의 문화를 전달하고 확장하는 측면에서 본다면 밈 현상으로 간주할 수 있는 거죠.

___ 급식체의 특징은 무엇일까?

2017년에 한 방송사에서는 "실화냐 다큐냐 맨큐냐⋯10대의 급식체, 유행일까? 언어파괴일까?"라는 방송프로그램을 통해 급식체의 특징을 다음과 같이 정리하였습니다.

첫째, 초성이나 축약어를 많이 사용한다.
 예) ㄹㅇ, ㅇㅈ?, ㄱㅇㄷ, ㅂㅂㅂㄱ, 축알못

둘째, 기존의 의미와 다르게 사용한다.
 예) 오지다, 지리다

셋째, 비슷한 발음의 단어를 나열한다.
 예) 샘 오취리도 에취하는 바이고요
  산기슭이 인정하는 바이고, 슭곰발이 인정하는 바입니다
  아리랑 고개를 넘어서 새가 지저귀는 기저귀는 하기스인 부분이고요

....
1. 한국연예스포츠신문(http://www.koreaes.com) 참조

오지고요 지리고요 고요고요 고요하지 않은 마음이고요

에바참치꽁치김치자갈치 가문의 수치

넷째, 자문자답의 형식을 취한다.

　예) 인정? 어 인정

　　용비? 어 천가

　　동의? 어 보감

　　앞니? 어 금니

　　양파? 어 니언

　　아빠? 어 디가

다섯째, 1인방송이나 온라인게임에서 사용하는 유행어를 많이 사용한다.

　예) 형님들 팩트첵크 해주시고여

　　오지고요 지리고요 이번엔 인정하는 각입니다

공통적으로 '맞춤법 파괴'가 눈에 들어옵니다. 표현을 최대한 단순화하거나 라임이나 기타 말장난 등을 통해 재미를 추구하는 점 등이 두드러집니다. 급식체의 특징들 중 주목할 만한 몇 가지는 뒤에서 좀더 자세히 이야기할 것입니다. 어쨌든 재미와 단순성을 앞세운 말들이 또래집단의 호응을 얻는 순간 무서운 속도로 복제 및 전파됩니다. 그리고 이를 집단 구성원들이 너도나도 다양한 방식으로 변주하다 보면 단순한 유행어를 넘어 언어생활 전반을 장악하고, 결국 집단의 특성을 대변하는 언어문화의 하나로 자리를 잡는 거죠.

____ 왜 급식체를 사용하는가?

유전자의 복제 과정에서 우연히 생겨난 돌연변이가 소멸하지 않고 돌연변이 유전자를 후대로 전달할 수 있으려면 생존에 유리한 뭔가 중요한 요소를 가지고 있어야 합니다. 말도 이와 비슷한 메커니즘을 갖고 있다고 생각할 수 있습니다. 우연히 새로운 말이 생겨났는데, 아무도 그 말에 관심을 기울이지 않거나 별로 사용하지도 않는다면 소리 소문도 없이 사라지고, 더 이상 전파되지도 않겠죠. 즉 말이 광범위하게 퍼져나가기 위해서는 뭔가 중요한 생존 요소가 필요하다는 뜻입니다.

급식체는 어느새 광범위하게 청소년의 언어생활을 장악했습니다. 또래끼리 대화할 때 표준어만 고집하면 이질감을 느끼거나 심지어 외면당할 정도니까요. 그렇다면 청소년들이 급식체를 많이 사용하는 이유는 무엇인가요? 경인교육대학교 정혜승 교수는 다음과 같이 분석합니다.

> "10대들 사이에서 급식체가 유행하는 건 한글 표기법을 바꾸어 쓰는 것에서 오는 즐거움과 전통, 규범을 비트는 데서 느끼는 쾌감과 신선함 때문이며, 기성세대와 다른 언어를 쓰면서 성인들과 차별화된 존재로서 정체성을 드러내기 위한 시도이다."

급식체의 유행에 대해서는 여전히 두 가지 엇갈린 시선이 존재합니다. 한편에서는 오직 우려의 시선으로만 바라봅니다. '언어파괴' 현상으로 규정해버리는 거죠. 이런 입장의 사람들은 "자아가 완전히 형성되지 않은 청소년들은 또래문화에 휩쓸리기 쉽다.", "친구들이 쓰는 말을 모르면 뒤처진다고 생각해 의미도 모르고 따라 하므로 언어파괴를 당연시하는 것은 위험하다." 등의 이유로 우려합니다.

물론 이와 반대의 입장도 있습니다. 한편에서는 이러한 언어생활의 유행을 자연스런 문화현상으로 보기도 하니까요. 즉 인터넷이라는 공간, 특정한 언어 공동체 내에서 만들어진 자연스러운 언어문화인데, 이런 문화현상이 온라인 경계를 넘어서 오프라인까지 확대된다고 해도 크게 문제 될 것은 없다고 보는 거죠.

최근에는 청소년뿐만 아니라 어른들 사이에서도 급식체가 유행하며 사용 세대가 확산되는 모양새입니다. 즉 어른들이 청소년의 언어를 배우고자 하는 거죠. 소위 주류라고 부르는 표준 언어생활의 중심에 있는 어른들이 청소년의 말을 배우려는 현상이 흥미롭습니다. 여기에는 급식체 자체가 가진 재미 요소도 작용했겠지만, 뭔가 세대 차이 풀풀 나는 구닥다리 꼰대가 되고 싶지 않은 마음, 젊은 세대와 소통하기 위해 나름 눈높이를 맞추려는 눈물겨운 노력도 어느 정도 작용한 것이 아닐까요?

맞춤법?
그게 뭐예요?
혹시 먹는 거예요?

우리는 급식체가 또래 사이에서
빠르게 복제되고 전파되면서 '밈'이 되어가는 현상을 살펴보았습니
다. 이제부터 급식체의 주요 특징을 좀 더 자세히 살펴보려 합니다.
과거에도 유행어가 없었던 것은 아니지만, 요즘 청소년들이 자주 쓰
는 말투를 살펴보면 텍스트보다 이미지나 영상에 좀 더 친숙한 세대
이니만큼 맞춤법에 약하고, 장문보다는 단문을 선호합니다. 특히나
국어 교사로서는 화들짝 놀랄 만큼 맞춤법에 관한 한 무법천지나 다
름없습니다. 게다가 정확한 맞춤법 준수는 고사하고, 요즘 트렌드는
아예 맞춤법을 일부러 틀리게 적어야 하는 것처럼 보이기도 합니다.
일일이 맞춤법 오류를 따지고 들었다가는 '꼰대'나 '십선비' 취급을
받기 십상이죠. 인터넷을 조금만 들여다봐도 일부러 맞춤법을 파괴
한 것 같은 희한한 표현들이 넘쳐납니다.

____ 잘 모르는 단어를 들리는 대로 쓰다 보니···

힉힉호무리/ 마마잃은중천공 /가오캥이

취사율 / 귀신이 고칼로리 /욕이 나게

일해라절해라/ 다르미안이라/ 괴자번호

골이 따분한/ 높아심/왜승모/맥심원

위에 소개한 것들은 인터넷에서 회자²되는 맞춤법 파괴 단어들을
몇 가지 골라본 것입니다. 그렇다면 이 단어들을 원래 어떻게 써야
하는지 그리고 그 단어의 뜻이 무엇인지 한번 맞혀볼까요? 정답은
다음과 같지만, 바로 정답을 확인하기 전에 직접 한번 맞혀봅시다.

- 히키코모리, 引き籠り: 집안에만 틀어박혀 사는 병적인 사람들을 일컫
  는 말. 일본에서 1990년대 중반 은둔형 외톨이들이 사회문제가 되면
  서 떠오른 용어
- 남아일언중천금, 男兒一言重千金: 남자는 단 한 마디라도 약속한 말을
  소중하게 여겨야 한다는 뜻. 약속(約束)은 반드시 지켜야 함을 의미
- 가혹행위, 苛酷行爲: 어떤 형태로든 상대에게 매우 심한 수치심이나
  모욕감, 고통 따위를 주는 모질고 악한 행위를 포괄적으로 의미
- 치사율, 致死率: 어떤 병에 걸렸을 때, 그 병으로 인하여 사망할 확률

··························
2. 膾炙. 회와 구운 고기, 여러 사람들의 입에 오르내린다는 뜻. 주로 '인구(人口)에 ~되다'의 형
태로 많이 쓰임.

을 말함

- 귀신이 곡할노릇: 옛 속담으로 귀신이 곡(哭)을 할 만큼 신기하고 기묘한 일이 일어남을 의미

- 요긴하게, 要緊하게: 꼭 필요하고 중요하다는 뜻

- 이래라저래라: 상대가 원하건 말건 쓸데없이 일일이 구체적으로 참견하는 행동을 광범위하게 의미하는 관용적 표현

- 다름이 아니라: '다른 까닭이 있는 것이 아니라'는 뜻의 관용구

- 계좌번호, 計座番號: 은행에서 입출금 또는 대출상황 등을 관리하고 식별하기 위해 부여한 일종의 고유번호

- 고리타분한: 하는 짓이나 분위기 등이 새롭지 못하고 답답하다는 뜻

- 노파심, 老婆心: 한자를 그대로 직역하면 할머니의 마음인데, 필요 이상으로 남일을 걱정하고 염려하는 마음을 뜻함

- 외숙모, 外叔母: 외삼촌의 아내

- 맥시멈, maximum: 최대치를 뜻하는 영어단어

자, 몇 개나 맞았나요? 그런데 단어들을 원래 맞춤법대로 가만히 살펴보니, 대개 외래어이거나 한자어 또는 예스러운 표현들이 많습니다. 아마도 정확한 의미를 모르는 상태에서 얼핏 어디서 주워들은 대로 막 쓰다 보니 이런 기기묘묘한 창의적(?) 표현들로 세상에 나오지 않았을까 하는 추측도 해봅니다. 그렇게 너도나도 쓰다 보니 어느새 맞춤법에 맞게 쓰는 것이 오히려 더 어색하게 느껴지게 된 것인지도 모릅니다.

___ 왜 맞춤법을 파괴하는가?

한글 맞춤법의 기본원칙은 "우리말을 소리 나는 대로 적되, 어법에 맞도록 한다."는 것입니다. '어법'이란 일종의 합의된 규칙 같은 것입니다. 어법을 강조한 이유는 오직 소리 나는 대로만 적으면 그 의미를 알기 어렵거나 때로는 전혀 다른 뜻으로 전달될 수 있기 때문입니다.

언어의 가장 기본적이고 중요한 기능 중 하나가 의사소통 기능인데, 뜻이 제대로 전달되지 않는다면 의사소통에 장애가 생겨 혼란이 유발될 것이 뻔하니까요. 즉 어법이란 소통의 편의를 도모하기 위한 하나의 중요한 수단인 셈이죠. 청소년의 언어생활의 문제점을 지적하는 사람들은 의사소통에 장애가 생길 수 있다는 점을 가장 강조하곤 합니다. 아래는 인터넷에서 유행하고 있는 맞춤법 파괴 문장 하나를 골라본 것입니다.

> 모든 게 숲으로 돌아갔다. 문안한 권색 난방을 입은 그 애는 김에 김씨, 사생활치매에 대한 사소한 오예로 임신공격을 했다. 명예회손으로 고소하고 싶다.

> (해석: 모든 게 수포로 돌아갔다. 무난한 곤색 남방을 입은 그 애는 김해 김씨. 사생활 침해에 대한 사소한 오해로 인신공격을 했다. 명예훼손으로 고소하고 싶다.)

첫 문장부터 전혀 다른 뜻의 문장이 되어버렸지요? 모두 '숲'으로 돌아갔다는 뜻으로 이해되기 쉬우니까요. 실제로 이런 식의 맞춤법 파괴 문장은 인터넷상에서 흔하게 찾아볼 수 있습니다. 일부러 맞춤법을 재미있게 파괴한 문장을 앞다투어 창조해 올리면서 즐거워하기도 합니다. 어쩌면 처음에는 정말 몰라서 한두 가지 틀리기 시작하고, 틀렸다는 것을 알아채면 맞춤법도 제대로 모른다며 자신의 무식함을 탄식했을지 모릅니다. 하지만 어느 순간부터 이것에 쏠쏠한 재미를 느끼게 된 것입니다. 즉 일부러 맞춤법을 무시하는 것이 꽤 재밌는 놀이가 되어버린 거죠. 그러면서 너도나도 이 놀이에 기꺼이 동참하여 이를 복제하고 확산시키는 데 일조하게 된 것입니다. 앞서 설명한 '밈'이 된 거죠.

___ 편의성과 재미 추구, 놀이화된 맞춤법 파괴

《90년대생이 온다》라는 책을 보면 90년대생의 특징 중에 하나를 '병맛, 재미'로 규정한 대목이 있습니다. 1990년대 이후 태어난 세대에서는 언어 자체의 재미를 추구하다 보니, 이런 맞춤법 파괴에서 뭔가 남다른 재미를 찾아가는 것 같습니다. 따분한 것을 질색하는 청소년들에게 재미도 쏠쏠하고, 자신들만의 차별성도 가져오는 맞춤법 파괴는 더더욱 가속화되고 있으며, 이러한 현상은 앞으로도 지속될 것 같습니다.

맞춤법이 무너지고 있는 이유는 또 있습니다. 그건 바로 온라인에서 소통할 때의 속도와 **효율성** 때문입니다. 스마트폰이나 키보드를 통해 의사소통을 할 때, 매번 장문의 텍스트를 문법, 맞춤법을 다 고려해 입력하는 것은 불편할 뿐만 아니라 일단 너무 느립니다. 좀 더 **빠른** 의사소통을 위해 이모티콘과 축약형을 선호하게 됩니다. 맞춤법에 맞춰 전체 문장을 모두 쓰다 보면 아무래도 대화 속도가 크게 떨어지니까요.

스마트폰 언어 환경에서 가장 흔한 맞춤법 파괴 현상 중 하나는 '붙여쓰기' 현상입니다. 빨리 대화를 이어가야 하는데 일일이 띄어쓰기까지 하려면 여간 귀찮은 것이 아니기 때문입니다. 띄어쓰기하지 않은 문장을 길게 쓰면 당연히 가독성이 떨어집니다. 따라서 문장은 점점 더 짧아지게 됩니다. 또 스마트폰으로 대화를 하다 보면 오타도 쉽게 나옵니다. 처음에는 우연히 오타가 나왔는데, 그 표현이 재밌어서 오타인 줄 알면서도 굳이 수정하지 않습니다. 그런데 이런 현상이 점점 굳어지다 보니 점차 재미 삼아 일부러 틀리게 쓰고, 나중에는 아예 틀린 줄도 모른 채 사용하게 됩니다.

문제는 잘못된 맞춤법에 익숙해진 나머지, 시도 때도 없이 잘못된 맞춤법을 쓰게 된다는 것입니다. 일상적인 언어생활에서는 재미로 맞춤법 파괴 표현을 쓰더라도 격식을 갖출 필요가 있는 공적 상황에서는 정확한 언어를 사용할 수 있는 이중 언어 사용능력을 기르는 것이 필요해 보입니다.

청소년 특유의 **구분 짓기** 문화도 맞춤법 파괴를 가속화하는 원인 중 하나입니다. 친구들 사이에서 소외되지 않으려는 심리 때문에 또래 내에서 조금 유행한다 싶으면 너도나도 따라서 쓰게 되는 것이지요. 청소년들 사이에서 맞춤법 파괴 단어가 재미로 쓰이게 되면, 그것이 유행을 타고 널리 퍼지게 됩니다. 그런데 이 말이 너무 퍼져나가 원래의 구분 짓는 기능이 사라지고 나면 또 다른 말을 만들어내어 남들과 차별화를 꾀하게 됩니다. 그러다 보니 갈수록 맞춤법 파괴는 심화되고, 신조어도 많이 만들어지는 거죠. 마치 낯선 외국어를 접한 것처럼 해당 언어에서 소외되는 사람들이 생겨나고 의사소통에 어려움이 생기게 됩니다. 세대 간의 의사소통 장애는 물론이고, 가끔은 같은 세대 안에서도 소통의 어려움을 일으키는 원인으로 작용하는 경우마저 생겨나고 있습니다.

 한글파괴 놀이의 대명사, 야민정음

한글파괴를 하나의 놀이로 만드는 것이 바로 야민정음이다. 그야말로 '세종머앟 꾀꺼솟', 세종대왕님의 피가 거꾸로 솟을 일이다. 야민정음은 한글 자모를 모양이 비슷한 것으로 바꾸어 단어를 다르게 표기하는 인터넷 밈이다. 대표적인 예로는 '댕댕이(멍멍이), 띵작(명작), 팔도네넴띤 (팔도비빔면), 커여움(귀여움)', 세종머앟(세종대왕), 롬곡(눈물)' 등이 있다. 디시인사이드 국내 야구 갤러리에서 발전하였다고 하여, 이 야구 갤러리의 별명인 '야갤'과 '훈민정음'의 합성어로 '야민정음'이라 한다. 야민정음은 단어의 뜻과는 무관하게 글자 모양을 변형시켰다는 점에서 신조어들과 다르다. 이 야민정음이 청소년들 사이에서 유행하게 된 것은 기존 언어 체계를 해체하는 순간 느껴지는 짜릿함과 즐거움 때문일 것이다. 한글을 독창적으로 재구성하는 기발한 상상력에 감탄하면서 쓰게 되는 일종의 언어유희인 것이다. 다만, 지나친 한글파괴는 유희를 넘어선 폭력이 될 수도 있으므로 놀이와 언어파괴 사이의 적절한 균형이 필요해 보인다. 한동안 기하급수적으로 늘어나던 야민정음 놀이는 미디어에 자주 노출되면서 최근에는 시들해지고 있다. 야민정음의 정체성이 한글을 변형해서 읽은 데서 오는 신선함인데 점점 식상해지고 있기 때문이다. 그래도 여전히 몇몇 단어들은 일상적인 언어생활에서 자리를 잡고 살아남아 있다.

〈 야민정음 표기 원리 및 예제 〉

1. 컴퓨터의 일부 글꼴을 작은 크기로 봤을 때 비슷해 보이는 경우
   대 ↔ 머 : 댕댕이(멍멍이), 대장(머장), 머구광역시(대구광역시)

   며 ↔ 띠/대 : 떵곡(명곡)

   귀 ↔ 커 : 커엽다(귀엽다)

2. 악필, 서명, 필기체 등으로 인해 발생한 경우
   유 ↔ 윾, 우 ↔ 윽 : 윾재석. 유정연, 우윽지

   근 ↔ ㄹ : 근육 ↔ ㄹ육, 왕 ↔ 왈, 왱 ↔ 앻, 윙

3. 글자 여러 개를 압착해서 한 글자로 만든 경우
   조조 ↔ 쬬, 북북 ↔ 뷹, 속삭 ↔ 쏚

4. 90도 회전한 모습을 나타낸 경우
   고 ↔ ㅂ, 동 ↔ 내0, •바바리맨 ↔ 뚜뚜리맨

5. 180도 회전한 모습
   •구 ↔ 亡, •폭풍눈물 ↔ 롬곡옾높, •근육 ↔ 농근 •골목 ↔ 눔룬

6. 기타 상하반전, 좌우반전 등

7. 한자와 한글을 맞바꾼 경우
   金 ↔ 숲, 長 ↔ 튽, 張 ↔ 국튽 : 김장훈 ↔ 金長훈 ↔ 숲튽훈

※자료: 나무위키 참조

말은 팍팍
줄여 써야
제맛이지

03

이제부터 이야기하는 내용들
또한 엄밀한 의미로는 맞춤법 파괴의 연속선상에 있습니다. 다만
단순히 맞춤법 파괴로 뭉뚱그리기에는 주목할 만한 특징들이 있기
때문에 따로 분류하여 소개하고자 합니다.

요즘 학생들이 가장 많이 쓰는 줄임말은 무엇일까요? 바로 '싸강
(사이버 강의)', '온클(온라인 클래스)'일 것입니다. 코로나19 팬데믹
이후로 유행하게 된 말들이죠. 바이러스와 함께 성큼 다가온 언택
트 시대와 함께 이 말들은 금방 사라질 것 같지 않습니다. 코로나19
를 겪고 있는 2020년 이후의 세대들을 가리켜 'V세대'라는 신조어
도 등장했습니다. V세대[3]의 'V'는 바이러스를 뜻하며, 코로나19 대
란 속에서 비대면 학교생활을 처음 경험하며, 비대면 사회생활이
전혀 어색하지 않은 세대를 말한다고 합니다.

___ 일상 언어생활로 자리매김한 줄임말

사실 코로나19 이전에도 여러분은 SNS와 같은 비대면 상황에서의 대화에 전혀 어색함이 없었을 것입니다. 다만 코로나19로 인해 비대면 상황이 일상화되면서 줄임말 사용은 이제 하나의 사회적 현상이자 청소년 언어를 넘어 일상의 주류 언어현상으로 자리를 잡아가고 있는 것 같습니다. 여러분의 줄임말 실력을 한번 테스트해 볼까요?

- 문제 1: 얼짱, 강추, 지못미, 솔까말
- 문제 2: 버카, 낄끼빠빠, 할많하않, 인싸·아싸, 얼죽코, 얼죽아, 뜨아, 아아
- 문제 3: ㅇㄱㄹㅇ, ㅃㅂㅋㅌ, ㅈㄴㄱㄷ, ㄱㅆㅇ, ㄷㅆㅇ, ㅇㅈ[4]

아, 여러분에게는 너무 시시한 문제였나요? 학교 시험문제도 이렇게 나오면 얼마나 좋을까요? 언어는 기본적으로 경제성을 추구합니다. 역사적으로 봐도 언어는 말하기 쉽고, 쓰기 편한 방향으로 줄곧 변화해 왔으니까요. 줄임말이 빠르게 퍼져나간 것 역시 온라인 대화가 일상이 된 상황에서 대화 속도와 편의를 높이기 위한 것이었습니다. 즉 경제성 추구의 역사적 흐름과 크게 다르지 않았던 것입니다.

....
3. 비대면 학교생활을 처음으로 경험하고, 비대면 소통과 교육이 전혀 어색하지 않은 세대. V는 바이러스(virus)를 의미하기도 하지만, 용감하고(valiant), 다양하며(various), 생기발랄함(vivid)을 의미하기도 한다.
4. www.sedaily.com 서울경제 참조

줄임말을 만드는 가장 기본적인 방법은 단어의 앞글자를 따서 줄이는 것입니다. 예컨대 문제 1의 '얼짱(얼굴이 '짱', 즉 매우 잘생기거나 예쁜 사람)' '강추(강력추천)', '지못미(지켜주지 못해서 미안해)', '솔까말(솔직히 까놓고 말해서)' 등이 대표적인 유형이죠. 언뜻 보기에는 무슨 말인지 잘 모르겠지만, 어느 정도 유추가 가능하기 때문에 온라인에서 일상 언어로 빠르게 확산되며 세력을 얻게 되었습니다. 청소년들뿐만 아니라 이제는 기성세대 사이에서도 널리 쓰이고 있죠. 특히 요즘에는 언어 생활에서라도 세대 차이를 줄이고 싶어 하는 어른들을 중심으로 일부러 더 적극적으로 줄임말을 쓰려는 경향도 나타나고 있습니다.

한 단계 더 나아가 이제는 웬만한 단어나 관용구들을 모조리 줄여 쓰는 경향이 두드러졌습니다. 문제2에 제시된 '버카(버스카드)', '낄끼빠빠(낄 때 끼고 빠질 때 빠지는 행위)', '할많하않(할 말 많지만 하지 않겠다)', '인싸 · 아싸(인싸이더 · 아웃싸이더)', '얼죽코 · 얼죽아(얼어 죽어도 코트 · 얼어 죽어도 아이스 아메리카노)' 등의 새로운 줄임말이 속속 등장했습니다. 어른들이 볼 때, 공부가 좀 필요한 단어들이지만, 그래도 뜻을 듣고 나면 고개가 끄덕여지는 말들이죠.

그런데 이제 줄임말은 음절 축약을 넘어 더더욱 업그레이드된 모양새입니다. 아예 모음을 빼버린 '초성어'가 대세로 떠오른 것입니다. 앞서 제시한 문제3처럼 'ㅇㄱㄹㅇ('이거레알'로 real을 사용한 '진짜'라는 뜻)', 'ㅃㅂㅋㅌ'('빼박캔트'로 '빼도 박도'와 영어 'can't(할 수 없는)'를 합쳐 '빼도 박도 못한다'는 뜻)', 'ㄷㅆㅇ('댓쓴이'로 댓글을 남긴 사람을 지칭)' 'ㄱㅆㅇ('글쓴이'로 글을 쓴 사람을 지칭)', 'ㅇㅈ(인정)' 등의 이런 초성 표현을 처음 접한 사람은 마치 암호처럼 느끼며 당황할 것입니다. 바로 뜻을 알아차릴 수 있는 수준을 넘어선 거죠. 게다가 자주 쓰이는 몇몇 단어만을 초성으로 표현하는 것이 아니라 꽤 광범위한 일상 언어생활에 줄임말이 사용되고 있습니다. 그러다 보니 어른들은 아예 따로 시험공부하듯 달달 외워야 겨우 알아들을 수 있는 지경입니다. 물론 여러분이야 일상생활에서 자연스럽게 주고받으면서 어느새 쉽게 익히고 쓰고 있는 말들일 테지만, 어른들의 입장에서는 따로 문화센터에서 줄임말 단기강좌라도 수강해야 할 판입니다.

___ 경제성을 뛰어넘은 재미, 놀이화된 줄임말들

역사적으로 볼 때 언어는 경제성을 꾀하는 방향으로 발전해왔다고 앞에서 이야기했습니다. 줄임말 또한 경제성 추구의 연장선상으로 볼 수 있다고 말했죠. 하지만 이제는 줄임말이 경제성을 넘어 재미 추구를 위한 하나의 놀이가 된 것 같습니다. 사실 '재미'는 '밈'을 일으키는 가장 중요한 요소의 하나입니다. 재미있으니 너도나도 쓰게 되는 거니까요. 또 예전에는 이런 유행어나 신조어는 일부 연예인이나 유명인의 입을 통해 만들어지고 유행되었으나, 이제는 인터넷 등을 통해 개개인이 만든 신조어들이 얼마든지 소개될 수 있고, 다수의 공감을 얻게 되면 순식간에 확산되기도 하죠.

　어떤 이는 신조어가 유행하는 이유에 대해 "요즘 사람들은 사는

게 무료하고 희망이 없어 말초적인 자극으로 즐거움과 위안을 얻으려 한다. 그런 요구가 디지털, SNS 환경과 만나 신조어를 즐기는 문화로 퍼졌고, 상업적으로 번졌다.[5]"고 분석하기도 했습니다.

한편에서는 청소년들이 줄임말이나 초성어를 많이 사용하고, 이를 활용한 신조어를 무수히 만들어내어 사용함으로써 사고의 깊이가 지나치게 얕아질 뿐만 아니라, 세대 간의 소통 방법이 왜곡될 수 있다며 우려하는 의견도 꽤 많습니다. 즉 언어유희적 재미에만 깊이 빠진 나머지 단어의 깊은 뜻을 모르고, 추상적인 단어에 대해 어려워하고 아예 거부감마저 느끼고 있다는 것입니다. 하지만 다양한 언어유희를 통해서 의미 있는 단어가 만들어지는 경우도 있기 때문에 무조건 비판적 시각으로 바라볼 것은 아니라고 생각합니다. 다만 놀이는 놀이대로 재미있게 즐기되, 올바른 언어 사용에도 관심을 기울여 말의 균형을 유지하려는 노력이 필요해 보입니다.

근대 이전에는 지배계급 또는 상층집단에서 '문자' 언어생활을 주도했고, 당연히 그들의 언어가 그 사회를 대표했습니다. 근대 이후에는 교육의 발달로 인해 중산층 청년들이 사회적 소통의 주도세력으로 자라났죠. 표준어 사정과 맞춤법 제정은 촉진제 구실을 하였습니다.[6] 그 시기에는 신문 등 인쇄매체와 텔레비전이나 라디오 등의 매체가 사회적 소통의 수단이 되었고, 이를 중심으로 언어생활

....
5. https://www.chosun.com, 이건범 한글문화연대 대표
6. https://www.hani.co.kr

의 주류가 형성되었습니다. 그리고 지금의 신세대는 또다시 자신만의 방식으로 언어를 생산하고 전파하며 새로운 문화를 창조하고 있는 것입니다. 당시 신세대로 언어생활을 주도했던 중산층 청년들은 이제 기성세대가 되었고, 현재의 신세대가 창조해가는 언어문화를 복잡한 시선으로 바라보고 있는 것 같습니다. 새로운 언어가 불편하지만, 한편으로는 뒤처지고 싶지 않다는 마음 때문인지 그들의 언어를 배우고 확장시키는 데 일조하거나 아예 자기 세대만의 언어생활로 새롭게 분화시키려는 경향도 함께 보이고 있으니까요.

___ 인터넷을 중심으로 심화되는 언어 세대차이

지금까지의 언어는 대체로 그 사회의 주도권을 가진 세대의 언어가 언어생활의 주류가 되었습니다. 그런데 요즘에는 어떤 주류언어가 존재한다기보다는 각 집단에서 사용하는 언어들이 특색 있게 분화되는 점이 두드러집니다. 앞서 어른들이 줄임말 강좌를 수강해야할 지경이라는 우스갯소리를 하기도 했는데, 이는 그만큼 청소년들이 즐겨 쓰는 새로운 언어에 대한 진입장벽이 높아졌다는 뜻이기도합니다. 특히 인터넷과 같은 새로운 통신수단이 등장하면서 세대 간의 언어생활 분화도 가속화되었습니다. 언어생활의 주류가 사라지는 대신 세대 간 분절이 두드러진 것입니다.

어느 세대건 간에 인터넷 기반의 통신매체를 폭넓게 사용하지만,

선호하는 매체는 제각각입니다. 카카오톡, 트위터, 페이스북, 인스타그램, 틱톡 등 다양한 메신저를 사용하고 나름대로 가지각색의 소통방식을 만들어내고 있습니다. 청소년들은 어른들이 주로 사용하는 인터넷매체를 피해서 자신들만의 소통방식을 만들고자 하는 경향이 있죠. 예컨대 여론조사기관 컨슈머인사이트의 조사를 살펴보면 국민 메신저라 불리는 카카오톡 사용자 중에서 최근 10대의 이탈률이 두드러지고 있다고 합니다. 다른 연령대의 사용자들에 비해 선호비율이 절반에도 미치지 못한 것으로 나타났죠. 주요 원인 중 하나로 채팅과 무관한 부가 기능과 콘텐츠가 늘어나는 것에 대한 사용 불편이 꼽힌다고 합니다. 단순하고 심플한 것을 선호하는 1020의 취향과 거리가 멀다는 거죠.

세대 간의 문자 사용방식과 수준에 있어서도 점점 더 많은 차이가 생겨나는 추세이고, 이는 언어적인 측면에서 세대 차이가 심화되는 이유이기도 합니다. 그런데 지금 여러분의 부모님이나 선생님들도 한때는 자기주장이 강하다 못해 흘러넘치던 신세대였습니다. 당시로선 획기적인 기성세대와 차별화된 그들만의 의사소통을 지향하는 '통신언어'를 만들어냈고, 기성세대에게는 한글파괴라는 잔소리를 귀가 따갑도록 들어야 했죠. 그래서인지 지금의 기성세대는 오히려 청소년들의 언어생활을 따라잡고자 더더욱 애를 쓰고 있는 것 같습니다. 물론 현실은 낱글자, 줄임말, 초성어 등 그 개념조차 따라잡기 버겁지만 말이죠.

그리고 어른들 스스로도 청소년들의 이런 초성어나 줄임말 사용에 대해서 이제는 한글파괴니 외계어니 잔소리를 하는 것이 오히려 고리타분한 꼰대적 사고라고 생각하는 것 같습니다. 언어에 대한 엄격한 규율과 질서보다는 어느 정도 헐거우면서도 언어 감각을 공유할 수 있는 너그러운 언어가 되어야 할 때라고 생각하는 거죠. 어쨌든 언어의 가장 기본은 '잘 통해야' 합니다. '통하는' 관점에서만 보자면 지나친 줄임말이나 초성어가 과연 언어의 기본을 지키고 있는 자연스러운 변화 수순인지, 아니면 과거와는 전혀 다른 돌연변이형 진화인지를 판단하기에는 아직은 미지수입니다.

원래 뜻
그대로 쓰는 말은
지루하고 따분해

04

이 책을 시작할 때도 '십선비'라는 표현을 언급한 적이 있죠? 이 말을 처음 들으면 일단 조선시대의 지식인층이라 할 수 있는 '선비'에서 가져온 말임을 짐작할 수 있습니다. 자유분방한 현대인의 눈으로 보면 유교적 사고방식에 사로잡힌 집단인 선비들은 격식에 지나치게 얽매인 답답한 사람들이지요. 그래서인지 뭐든 곧이곧대로 원리원칙을 강조하며, 격식을 따지는 사람들을 비하해 '십선비'라고 부르는 것 같습니다.

이 말은 굳이 어른에 한정되지 않고, 원리원칙을 고수하는 또래 친구에게도 자주 사용됩니다. 예컨대 평소 '바른말고운말'을 쓰는 친구에게 '십선비'라는 비하의 말을 던지는 경우도 종종 있으니까요. 그리고 '십선비'가 잘하는 행동인 **훈장질** 또한 원래의 뜻보다는 남을 제멋대로 가르치려는 행동을 낮잡아 부르는 표현으로 더 많이 사용되고 있습니다.

이렇게 볼 때, 요즘에는 원래의 단어 의미를 그대로 사용하기보다는 여기에 새로운 의미를 보태거나 때로는 아예 새로운 의미를 부여하는 데서 재미를 추구하는 것 같습니다.

___ 점점 더 세게, 강도 높은 표현으로의 업그레이드

요즘 청소년들이 감탄의 의미로 가장 많이 쓰는 말은 무엇일까요? '오지다'와 '지리다', 그리고 '쩐다'와 '찢었다' 아닐까요? 이렇게 네 가지 단어만 가지고도 온갖 상황에 대한 자신의 느낌을 대충 다 표현할 수 있을 정도로 광범위하게 활용됩니다.

'오지다'와 '지리다'는 일종의 대구로 늘 함께 쓰이는 말이고, '쩐다'와 '찢었다'는 사용하는 상황이 약간 다를 수는 있지만, 강도가 훨씬 센 경우에 쓴다고 할 수 있습니다. 그 쓰임을 한 번 살펴볼까요? 체육대회 때의 꽃은 릴레이입니다. 그 릴레이에서 극적인 역전 장면이 연출되면 정말 짜릿하죠. 이때 역전의 주인공에게 학생들은 이렇게 말합니다.

"와, 지린다!"

원래 지린다는 말을 사전에서 찾으면 "똥이나 오줌을 참지 못하고 조금 싸다."라는 뜻입니다. 사람이 엄청나게 두렵거나 놀라는 경우 자신도 모르게 오줌을 지리는 경우가 있지요. 그래서 엄청 대단한 장면을 보고 놀라는 경우, 지린다고 하게 된 것입니다. '지리다'와 항상 나란히 쓰이는 말로 '오지다'라는 단어도 있습니다. 오지다는 원래 "마음에 흡족하게 흐뭇하다.", "허술한 데가 없이 알차다."라는 뜻입니다. 사전에 소개된 용례는 다음과 같습니다.

"그 일은 나에게 얼마나 오지고 통쾌한 일인지 모른다."
"고추가 오지게 맵다."

그렇다면 급식체에서 '오지다'는 어떤 식으로 변주되고 있는지 살펴볼까요? 예전에 모 개그 프로에서 인기 드라마 '도깨비'의 한 장면을 청소년들이 쓰는 소위 '급식체'로 패러디한 적이 있습니다. 비슷한 듯 미묘한 차이가 느껴집니다.

원래 문장
날이 좋아서, 날이 좋지 않아서, 너와 함께 한 모든 날이 좋았다.

↓

패러디한 문장
날이 오져서, 날이 오지지 않아서, 너와 함께 한 모든 날이 지렸다.

___ 부정적 의미에서 긍정적 의미로의 전환

단어의 의미 변주는 또 다른 형태로도 이루어지고 있습니다. 때론 원래 의미를 좀 더 확장시키기도 하고, 아예 의미가 반대로 해석되는 경우도 있습니다. '쩔다'를 예로 들어볼까요? '쩔다'의 사전적 의미는 "어떤 사람이나 사물, 현상 따위가 자신의 짐작이나 예상을 뛰어넘어 대단하게 나타나다."는 뜻을 속되게 이르는 말입니다. 요즘에는 주로 이렇게 사용되죠.

> "노래 실력 정말 쩔어."
> "오늘 급식 쩔어!"

위와 같이 말했다면 노래를 그저 적당히 잘 부르는 정도가 아니라 소름 끼치게 잘 부른다는 의미이고, 급식 메뉴가 다른 날에 비해 특별할 정도로 아주 맛있다는 뜻입니다. 그런데 재미있게도 정반대의 경우에도 같은 표현이 사용됩니다.

> "뭥미, 노래 진짜 쩐다!"
> "야, 오늘 급식 쩐다!"

음치 이상으로 노래를 정말 못 부르거나, 급식이 너무 형편없다고 생각할 때도 반어적으로 같은 표현이 사용됩니다. '쩔다'라는 말의 기원은 명확하지 않지만, "푸성귀나 생선 따위에 소금기나 식초, 설탕 따위가 배어들다." 혹은 "땀이나 기름 따위의 더러운 물질이 무더기로 끼어 쩌들다.", "사람이 술이나 독한 기운에 의하여 영향을 받게 되다." 등의 뜻을 지닌 동사 '절다'에서 유래했다고 봅니다. 과거에는 사람에 대하여 '절다'라는 표현을 쓰면 부정적인 의미가 강했죠. 하지만 이 말이 청소년들 사이에서 널리 쓰이게 됨으로써 이제는 그 의미가 바뀌어 단순히 좋고 나쁘다는 의사표시보다 '좋든 나쁘든 매우 강렬함'을 뜻하는 하나의 감탄사처럼 사용되고 있습니다. 이전에도 특정 단어를 원래의 뜻이 아닌 감탄사처럼 사용하던 사례가 있습니다. 예컨대 '죽인다' 혹은 '죽여준다'라는 단어들은 웬만한 상황에서 감탄의 의미로 이전부터 지금까지 여전히 사용되고 있죠. 그런데 최근에는 청소년층에서 '쩔다'라는 단어가 비슷한 상황에서 더 많이 쓰이고 있는 것 같습니다.

___ 본래의 의미에서 추가된 새로운 의미 부여

특정 단어가 마치 감탄사처럼 이런저런 상황에서 사용되는 사례는 또 있습니다. '쩔어' 말고 대단하다는 의미를 뜻하는 또 다른 표현입니다. 바로 '찢었다'라는 표현입니다.

"오늘 BTS가 무대를 찢었다."

위와 같은 식으로 표현하는 것이 여러분에게는 익숙할 것입니다. 그런데 '찢다'라는 단어를 사전에서 찾아보면 다음과 같이 정리되어 있습니다.

1. 물체를 잡아당기어 가르다.

    예) 종이를 발기발기 찢다

2. (비유적으로) 날카로운 소리가 귀를 심하게 자극하다

    예) 귀를 찢는 까치의 울음소리가 이른 아침부터 들려왔다.

요즘에는 '찢다'라는 단어는 본래의 뜻보다 다른 뜻으로 자주 사용됩니다. 앞서 예로 든 "무대를 찢었다."처럼 말이죠. 이런 식의 변주는 본래, 래퍼들이 랩 배틀에서 한쪽이 다른 한쪽보다 월등히 잘했을 때, 상대방을 '찢어놓았다'라는 말로 표현하다가 그 용례가 넓어진 것이라고 합니다. 원래는 랩 배틀 중 래퍼 한 사람이 특출난 논리와 입담으로 나머지를 압도했을 때 사용했던 말인 거죠. 그러다가 래퍼뿐만 아니라, 가수, 아이돌 등이 화려한 춤이나 퍼포먼스로 관객을 열광하게 만들었을 때도 마치 관용구처럼 "무대를 찢었다."라고 표현하게 되었습니다. 이제는 어떤 분야에서든 뛰어난 수행 능력을 보여주는 사람을 향해서도 '찢었다'라는 표현이 사용됩니다. 만약 대결 구도가 좀 더 강조된 상황이라면 '찢었다'를 넘어서 '발라버렸다'라는 표현을 씁니다. '발라버렸다'의 기본형인 '바르다'의 사전적 의미는 다음과 같습니다.

1. 동사. 껍질을 벗기어 속에 들어 있는 알맹이를 집어내다.

2. 동사. 뼈다귀에 붙은 살을 걷거나 가시 따위를 추려내다.

즉 '바르다'는 것은 과거에는 '생선 가시를 바르다'와 같은 상황에서 쓰던 말이었습니다. 그런데 요즘에는 이것이 원래의 뜻과 달리 재주나 실력으로 상대방을 크게 압도하거나 모두를 평정해버리는 의미로 주로 사용되고 있는 것입니다. '발라버리'는 것을 넘어서서 더 압도적으로 이기는 경우, 상대방은 그야말로 '뼈도 못추리게' 되는 거죠.

___ 언어의 무궁무진한 창조성

'쩔어', '찢어', '발라버려' 등 어떤 대상이나 상황에 대해 감탄하거나 자신의 느낌을 나타내는 이런 말들에 대해 많은 사람들은 그저 젊은 세대가 만들어낸 신조어쯤으로 생각하고 있지만, 사실 모두 원래 사전에 존재하는 말들입니다. 다만 그 단어가 가진 원래의 의미와 약간은 다른 의미로 쓰이거나 그 의미가 확대되어 부가적으로 새로운 의미를 창조해내고 있는 것입니다.

한정된 어휘와 음운만으로 무궁무진한 표현이 가능하다는 것이 바로 언어의 창조성입니다. 원래 있던 단어에 새로운 의미를 부여하거나, 혹은 새로운 말들을 만들어내는 것은 언어적 관점에서 보면 좋은 일입니다. 우리말을 훨씬 풍요롭게 하는 일이기도 하니까요. 그동안 우리의 언어생활에서도 특정한 상황에 대해 비유적 의미로 어떤 단어를 사용하다가 그것이 그대로 굳어져서 관용적 의미로 확장된 경우가 허다합니다. 그렇게 적은 단어로 많은 의미를 표현해 낼 수 있게 된 것이죠.

누구나 다 알고 있는 단어를 원래의 의미대로 심심하게 표현하는 것보다 새로운 의미로 표현함으로써 말의 재미가 배가되기도 합니다. 바로 이러한 '재미' 요소 때문에 청소년들이 더 좋아하는 것인지 모릅니다. 재미야말로 청소년들이 지향하는 언어생활이기도 하니까요. '오지다, 지리다, 쩔다'의 경우 얼핏 보기에 약간 욕이나 비속어 같은 '느낌적인 느낌'이 있죠. 이 또한 좀 '센' 의미를 전달하기에 더없이 잘 어울리는 것 같습니다. 게다가 경제성 면에서도 좋습니다. 좋건 나쁘건 그 어떤 상황에서든 두루두루 사용할 수 있다는 점 또한 매력적으로 느껴집니다.

대상에 대한 느낌을 구체적으로 고민하여 장황하게 말할 필요가 없으니 얼마나 편리한 말인가요? 좋아하는 가수가 신곡을 발표했을 때, 그 신곡의 느낌을 누군가 묻는다면, "쩔어!"라고만 하면 됩니다. 하늘이 정말 쾌청하고 맑아도 그저, "날씨 쩔어!" 혹은 "오늘 날씨 오지게 좋아!"라고 하면 그만입니다. 참 경제적이고 편리합니다. 장문은 싫어하고, 짧은 단어로 원하는 의미를 빠르고 경제적이고 편리하게 전달하고 싶은 요즘 청소년들에게 안성맞춤이죠. 다음 표현을 한번 살펴볼까요?

"푸른 물이 뚝뚝 듣는[7] 것 같아."

어느 작가가 가을 하늘을 표현한 것입니다. 시적이고 아름답습니다. 하지만 대체로 청소년들에게는 이런 표현들이 다소 낯간지럽게 느껴질 것입니다. 간편하고 효율적인 표현도 좋지만, 모든 대상이나 상황에 대한 개개인의 느낌이 모두 다를진대, 무수한 상황에 대한 감탄의 말들이 '쩔어', '오져', '찢어' 등 서너 개의 단어로 모두 표현해버리는 점은 아쉽기 그지없습니다. 우리말은 세계 그 어느 나라 말보다 감각어가 발달한 언어입니다. 그래서 우리말을 외국어로 번역할 때 가장 애를 먹는 것 중의 하나가 바로 이런 감각어를 번역하는 일이라고 하죠.

　　푸르스름하다, 푸르딩딩하다, 새파랗다, 시퍼렇다

푸른색 하나를 나타내는 말 하나도 이렇게 다양하고, 심지어 저마다 다른 표현 속에서 미세한 색의 차이를 이토록 섬세하게 표현하고 있는데, 이런 다양성을 깡그리 무시한 채 모든 감각에 대한 반응을 그저 "파랑, 쩔어!" 정도로만 퉁쳐 버리고 마는 것은 언어가 가진 다양성이나 창조성 등을 외면하는 것 같아 안타깝습니다. 말이 단순해진다는 것은 그만큼 생각도 단순해진다는 뜻이 될 테니까요.

....
7. 듣다: '눈물, 빗물 따위의 액체가 방울져 떨어지다'의 의미로, '(소리를)듣다'와 동음이의어

장황한 텍스트보다 한 방에 정리하는 이모티콘이 좋아!

잦아들만 하면 또다시 극성을 부리는 코로나19 때문에 자주 친구들과 만나서 어울려 놀기 어려워진 요즘에는 점점 더 스마트폰을 들여다보는 시간이 길어졌습니다. 친구들과도 메신저를 이용해 수다를 떨거나 소통하는 일이 더 잦아졌습니다. 아마도 평소 메신저로 소통하거나 문자를 보낼 때 웬만한 답변은 글자를 입력하지 않고 이모티콘으로 대신할 때도 많을 것입니다. 실제로 요즘은 문장을 길게 입력하는 대신에 재미있는 이모티콘을 상황에 맞게 사용하여 소통하는 경우가 많습니다. 이모티콘을 이모티콘으로 받아 소통하는 거죠. 심지어 대화 내용에 글자보다 이모티콘이 더 많이 등장하기도 합니다. 만약 평상시에 오로지 텍스트만 고집하며 장황하게 글로만 메시지를 보낸다면 친구들에게 '십선비' 취급을 받을지도 모릅니다.

___ 이모티콘은 어떻게 시작된 걸까?

벌써 몇 해 전입니다. 미국의 〈도미노피자〉에서 트위터 이모티콘 만으로 피자를 주문할 수 있게 되었다는 뉴스를 본 적이 있습니다. 원래 이모티콘은 통신언어나 모바일 언어 환경에서 주로 사용하였 으나, 요즘은 소비자에게 친근함을 주는 마케팅 수단으로도 사용되 고 있습니다.

게다가 비대면이 일상화된 오늘날의 소통에서는 이모티콘을 빼 놓을 수 없습니다. 모바일 시대의 대세였던 이모티콘이 이제 우리 언어생활은 물론 나아가 생활 전반 곳곳의 일부로 자리를 잡은 거 죠. 요즘에는 일상 대화를 넘어, 심지어 입시를 위한 자기소개서나 시험문제의 정답에도 과거에는 금기시되었던 '^^'와 같은 간단한 이모티콘을 쓰는 사람들이 늘어나고 있다고 합니다. 그런데 과거에 도 텍스트를 대신하는 의사소통 사례는 있습니다.

?

!

이것은 여러분도 잘 알고 있는 문장부호인 물음표와 느낌표입니 다. 그런데 오직 이 두 가지만을 이용해서 편지를 주고받은 실제 사 례가 있다고 합니다. 세상에서 제일 짧은 편지와 그 답장으로 알려 져 있죠. 바로 소설 《레미제라블》의 작가 빅토르 위고(Victor Hugo,

1802~1885)와 출판사가 서로 주고받은 전보의 내용입니다.

빅토르 위고는 나폴레옹 3세를 대통령으로서 지지했지만, 그가 1851년 12월 친위 쿠데타를 일으키고 영구 집권을 선언하자 그에 저항하다가 영국령 게른제 섬으로 망명했습니다. 망명생활을 이어가던 그는 《레미제라블》 원고에 대한 독자들의 반응이 궁금했죠. 하지만 망명자라는 신분 탓에 출판사로 긴 편지를 보내봤자 검열에 걸릴 것이 뻔했기에 위고는 단 한 개의 물음표만 찍어서 출판사에 전보를 보냈던 것입니다. 전보를 받은 출판사의 답신 또한 위에 적은 것처럼 느낌표 하나뿐이었습니다. "대성공!", 요즘 말로 하면 "핫해요!"란 뜻이었겠죠.

이렇게 물음표와 느낌표 하나로 주고받은 서신은 훗날에 이르러 '최초의 이모티콘 대화'로 해석되기도 합니다. 그러니까 이모티콘은 현대인만의 감성, 아니 갬성[8]이라고 할 수만도 없겠네요. 비록 오늘날 우리가 사용하고 있는 다양한 이모티콘의 모습은 아니더라도 사람의 생각이나 감정을 그림이나 기호로 상징적으로 표현하는 시도는 예전에도 있었으니까요. 심지어 그 기원을 따져보면, 고대의 그림문자로 거슬러 올라가니 참으로 유구한 역사가 아닐 수 없습니다.

....
8. 감성의 변형된 말로, 사전적으로는 감동을 느끼거나 감정이 북받쳐오를 때 주로 사용하는 신조어로 풀이되지만, 개인의 감성을 뜻하는 표현으로 사용된다. 감성보다는 좀 더 감정 당사자의 영역을 구분짓는 상황에서 자주 사용된다. 예) 중2갬성, 직딩갬성, 한국인갬성…

#?_#!_#긴말이_#무슨_필요가_있겠어요?_#베스트셀러각

____ 문자가 미처 담아내기 힘든 미묘한 감정을 드러내다

이모티콘(emoticon)은 감정을 뜻하는 'emotion'과 유사기호를 뜻하는 'icon'의 합성어입니다. 초기에는 문자나 기호, 숫자 등을 활용해 다양한 표정을 만든 것이었습니다. 문자를 활용하다 보니 나라마다 다른 형태로 발전해왔습니다. 문자를 활용한 외국과 우리나라의 감정표현 사례를 살펴볼까요?

- 서양 국가: :-), :-(, :D
- 우리나라: ^^, ㅜㅜ

두드러진 차이를 발견했나요? 네, 서양 국가에서는 입 모양으로 서로 다른 감정을 표현한 것에 반해, 우리나라는 주로 눈 모양으로 감정을 표현하고 있죠. 감정표현이 자유로운 서양사람들은 웃음도 크게 웃기 때문에 입으로, 감정을 크게 드러내지 않는 우리나라 사람은 주로 눈으로만 감정을 표현하기 때문이라고 합니다. 이렇게 시작된 이모티콘은 아예 이미지 형태로 만들어지기 시작합니다. 맨처음 유행한 이모티콘이 웃는 모양이었기 때문에, 이모티콘을 '스마일리(Smiley)'라고도 한답니다.

스마일리가 크게 유행하기 전에 개인이 처음 이모티콘을 사용한 것은 이에 앞서 1982년 9월 19일 카네기멜론대학교 교수이자 전산학자인 스콧 팔먼(Scott Fahlman)이 온라인 전자 게시판에 좀 전에 소개한 웃는 표정을 표현한 ':-)'과 슬픈 표정을 표현한 ':-('을 사용한 것이 시초로 알려져 있습니다.[9] 그리고 이 표현은 지금도 온라인 소통에서 계속 사용되고 있죠.

이모티콘은 문자 기반의 의사소통에서 주로 쓰이는 방식이며, 특히 채팅, 전자우편, 게시판 등 컴퓨터나 스마트폰을 이용해 글을 쓸 때 많이 쓰이고 있습니다. 구구절절이 말로 표현해도 모자란 복잡한 감정을 간단한 기호로 해결할 수 있으니 이 얼마나 경제적인가요. 문자언어가 가지는 가장 큰 한계가 바로 감정을 제대로 전달하기 어렵다는 것인데, 이모티콘은 감정을 상대에게 명확하게 효과적으로 전달해줄 수 있습니다. 즉 이모티콘은 문자언어의 한계를 보완해주는 훌륭한 도구라고 할 수 있죠.

____ 인터넷 댓글문화,
이모티콘 사용의 기폭제가 되다

요즘 전세계에서 가장 영향력 있는 가수를 꼽으라면 누구일까요? 아마도 모두들 주저 없이 BTS를 꼽겠지요. BTS 관련 동영상이 뜨면 한글은 물론이고, 온갖 언어의 댓글이 줄줄이 달립니다. 사실 불과 몇 해 전까지만 해도 한국 가수의 동영상에는 한글로 댓글이 달

....
9. https://namu.wiki 참조

리는 것이 당연한 일이었고, 어쩌다 다른 언어의 댓글이 보이면 번역기라도 돌려서 어떤 내용인지 궁금해했죠. 그만큼 그때는 그 댓글을 읽으면서 사람들의 **생각**을 읽어내는 것이 훨씬 더 중요했습니다. 즉 그 말에 담긴 '의미'가 무엇인지 해석하고 그 의미를 공유하는 것에 가치를 두었죠.

그런데 지금은 사정이 달라졌습니다. 그들이 무엇을 이야기하는지 댓글에 담긴 '의미'를 일일이 파악할 필요를 느끼는 사람은 드물다는 뜻입니다. 그보다는 댓글에 담긴 정동(情動, affect)[10]이 무엇인지를 파악하는 것이 더욱 중요해진 것입니다. 정동은 언어적 의미를 파악하는 것이 아니라, 느낌이 중요합니다. 즉 과거 텍스트 중심의 매체에 대해서는 의미를 파악하고 내용을 이해하는 것이 중요했다면 오늘날처럼 시청각이 중심이 되는 매체를 접할 때는 어떤 정동이 발동되고 있는가를 빠르게 알아차리는 데 더 관심이 쏠립니다. 예컨대 케이팝 스타의 유튜브에 모르는 언어의 댓글이 달려도 거기 붙어 있는 이모티콘과 느낌표를 보면, '아, 이런 느낌이구나!' 하면서 몸이 먼저 반응하며 알아채는 거죠. 이모티콘 사용 덕분에 언어 장벽이라는 한계까지도 극복하고 있는 것입니다.

우리의 일상적인 언어생활을 살펴볼까요? 서로 마주보며 대화하

....
10. 情動. 정동이란 말을 사전에서 찾아보면 '희로애락과 같이 일시적으로 급격히 일어나는 감정. 진행 중인 사고 과정이 멎게 되거나 신체 변화가 뒤따르는 강렬한 감정 상태이다.'라고 되어 있다. 예를 들어, 우리가 한밤중에 등 뒤에서 브레이크 소리를 듣고 반응할 때, 우리는 그것이 무슨 소리인지를 판단하기 전에 식은땀을 흘리거나 몸이 먼저 반응합니다. 이런 것을 정동이라고 하는데, 정동은 감정보다 더 빨리 도착하는 무엇이다.

이모티콘의 기능

이모티콘의 구체적인 기능은 무엇일까? 크게 다음과 같이 다섯 가지로 정리해볼 수 있다.

첫째, 기계적이고 단순할 수 있는 메시지 교류를 부드럽게 해준다.

둘째, 메시지를 감정적이고, 주관적으로 전달해준다.

셋째, 언어적인 표현만으로 전달하기 힘든 메시지를 강조하거나 보완해주는 기능을 한다.

넷째, 기존 문자 메시지의 내용을 명확히 하여 상대방의 이해를 돕는다.

다섯째, 면대면 상황과 유사한 커뮤니케이션 환경을 조성해주어, 의사소통을 원활하게 하고 당사자 간의 친밀감을 높여준다.

스마일리
노란 원형에 웃는 얼굴이 그려진 캐릭터로, 처음 유행한 이모티콘. 웃는 모습이라 스마일리라고 불림. 디자인은 1997년 미국저작권협회(The United States Copyright Office)에 처음 등록되었고, 1998년에는 웹상에 .gif 파일로 게시되어, 처음으로 그래픽 기술이 사용된 이모티콘이 되었다.

는 상황에서 오직 언어적(verbal) 표현만으로 소통이 이루어질까요? 아니죠. 때로는 언어적 표현보다 표정이나 제스처, 어조 같은 비언어적(nonverbal) 표현이 메시지나 의사를 좀 더 분명하고 풍성하게 전달하는 한편 더 많은 의미를 전달하기도 합니다. 그런데 비대면 상황에서는 상대의 얼굴표정이나 제스처 등을 직접 관찰할 수 없죠. 이런 상황에서 오로지 문자언어만으로 의사소통을 하다 보면 의미 전달에 어려움이 생기고, 설명을 자꾸 덧붙이려다 보면 자연히 말이 장황해집니다. 심지어 경우에 따라서는 불필요한 오해를 낳기도 하죠. 하지만 이모티콘을 통해 자기 생각을 훨씬 경제적이고 재미있게 또 감정까지 풍성하게 전달할 수 있는 것입니다.

____ 문자의 한계 그리고 이모티콘의 한계

최근에는 단순히 특수문자를 사용하는 것이 아니라, 다양한 그림을 활용한 '스티커'라는 이모티콘도 많이 나와 있고, 심지어 움직이는 이모티콘까지 유행하고 있죠. 이러한 유행과 함께 다양한 이모티콘의 창작은 엄청난 부가가치를 창출하는 사업 영역으로 빠르게 성장하고 있습니다.

한편으로는 이모티콘만으로 기사(記事)를 작성하려는 시도도 이루어지고 있다고 합니다. 간단한 의미 전달이야 충분히 가능하겠지만, 이모티콘만으로 작성된 기사를 읽고 논리적인 의미를 제대로 이해하게 할 수 있을지는 의문입니다. 왜냐하면 같은 이모티콘을 보고도 사람에 따라 얼마든지 다르게 해석하기도 하니까요. 이 점은 이모티콘의 단점이자 장점이기도 합니다. 글로만 전달하는 데 뭔가 한계가 있는 것처럼 오직 이모티콘으로만 전달하는 데도 역시 한계가 있는 것입니다.

전 세계의 모든 문자를 하나의 표준으로 전산처리하는 유니코드를 만들어낸 마크 데이비스(Mark E. Davis)는 다양한 감정을 표현하되 사람에 따라 다른 방식으로 이모티콘을 해석할 수 있는 점을 가리켜 이모티콘의 '유용한 모호함'이라고 평가했습니다. 글자에 담을 수 없는 몸짓이나 얼굴표정, 억양 등을 이모티콘으로 표현할 수 있지만, 동시에 상황이나 분위기, 사람에 따라 심지어 같은 사람이라도 기분에 따라 동일한 이모티콘을 보고 얼마든지 다르게 해석할 수 있기 때문이죠. 즉 해석하는 기준이 그때그때 유동적으로 바뀔 수 있기 때문에 그만큼 모호하다는 뜻입니다.

문자가 가진 한계를 보완해준다는 점에서 이모티콘은 분명 의사소통에 유용합니다. 하지만 이모티콘을 지나치게 광범위하게 사용하다 보면 세대에 따라, 또 모바일 메신저 이용량에 따라 사람들 사이의 커뮤니케이션에 갭이 점점 더 벌어질 수밖에 없습니다. 짧은 시간에 더 많은 정보를 전달하려다 보면 기존의 언어를 계속해서 축약하는 등 변형시키게 되고, 특히 인터넷 언어는 문자를 통해 좀 더 구어적으로 표현하기 위해 좀 더 변칙적이고 일탈적인 형태로 변하게 됩니다. 이처럼 인위적으로 조작된 표현이 늘어나다 보면 사람들 간의 보편적 의사소통을 가로막을 수밖에 없다는 의견도 속속 제기되고 있습니다. 따라서 균형감이 중요하겠죠? 언어생활에서 이모티콘이나 스티커를 과도하게 사용할 때 어떤 문제가 있는지, 만약 공적인 언어생활에서도 마구잡이로 이모티콘이나 통신 언어를 사용하면 어떻게 될지 등에 대해 여러분 스스로 한번 생각해보았으면 합니다. 또한 최근 진화를 거듭하고 있는 그래픽 이모티콘들은 온라인 대화 상황에서 복잡미묘한 감정표현을 쉽게 해줄 뿐만 아니라, 재미까지 배가하는 것이 사실입니다. 하지만 그 의존도가 너무 높아지다 보니 상대적으로 다양한 감정을 말로 표현하는 언어적 감각은 자꾸 녹슬어가는 게 아닐까 하는 우려도 덧붙이고 싶습니다. 고기는 씹어야 맛이고, 말은 해야 맛이라고 합니다. 그런데 우리의 언어 감각이 완전히 녹슬어버리면 나중에는 말 맛이 뭔지 아예 느낄 수조차 없게 되지 않을까요?

혐오 표현을 인지하고 돌아봐야 하는 이유 🔍

앞에서 우리는 기성세대와 요즘 세대의 언어생활 차이를 살펴보았습니다. 언어생활은 세대의 특징이나 시대 상황을 민감하게 반영할 뿐만 아니라, 나아가 새로운 문화 창조로 이어지기도 한다는 점을 알았을 것입니다. 무엇보다 각 세대가 자주 사용하는 말들은 소통을 넘어 문화를 공유하는 것이라는 점을 살펴보았죠. 청소년들이 자주 사용하는 언어들을 무작정 나쁘다고 할 순 없겠지만, 분명히 짚고 넘어가고 싶은 부분이 있습니다. 그건 바로 신조어, 유행어라는 이름으로 무분별하게 사용되는 차별과 혐오의 언어들입니다. 어른들이 무심코 던진 꼰대언어에 여러분이 상처 입는 것처럼, 여러분이 그저 재미있다는 이유로 무심코 사용하는 어떤 말로 인해 누군가는 마음에 깊은 상처를 입게 될지도 모릅니다. 최소한 그 말에 담긴 의미는 이해하고 있는 것이 중요한 이유입니다. 그리고 그 말의 속뜻을 이해한다면 결코 쉽게 누군가를 향한 화살이 될 수도 있는 독한 말들을 조금은 지양하게 되지 않을까요?

PART 03

혐오와 차별에 저항하는 용기

"이런 말은 왜 문제일까?"

내가 벌레라니…
내가 벌레라니!

맘충, 한남충, 진지충, 설명충, 급
식충…… 요즘은 특정 계층이나 집단에 속해 있는 사람을 통틀어 벌
레 '충(蟲)' 자를 붙여서 부르는 것이 유행입니다. 이는 어떤 대상에
대해 일종의 프레임을 씌우는 행위로 볼 수 있죠. 게다가 이러한 프
레임은 대상에 대한 무조건적 폄하와 선입견을 갖게 하고, 그로 인
해 때론 불필요한 갈등과 사회분열을 일으키기도 합니다.

___ 벌레라고 다 같은 벌레인 줄 알았니?

물론 예전에도 사람을 벌레에 비유하는 표현은 종종 있었습니다.
예컨대 공붓벌레, 일벌레, 책벌레 등의 표현을 예로부터 흔하게 써

왔으니까요. 그런데 과거의 표현은 어쩐지 정감 있게 들리는 반면, 요즘 유행하는 소위 '○○충' 시리즈는 정감은커녕 비하와 모욕에 좀 더 가깝게 느껴지는 건 왜일까요?

같은 벌레인데도 한자어 '충'을 붙였을 때와 우리말 '벌레'를 붙였을 때의 어감은 사뭇 다릅니다. 공붓벌레나 책벌레는 공부나 독서에 몰두하는 사람을 두고, 약간은 장난스럽게 말하는 것인데, 그 어감이 꼭 나쁜 것만은 아닙니다. 다른 것은 팽개치고 한 가지 일에만 지나치게 빠져 있다는 의미에서 본다면 약간의 놀림이 섞여 있는 표현인 것은 맞지만, 그 정도가 크지 않을뿐더러 어떤 의미에서는 한 가지 일에 무섭게 몰입한다는 점에서 오히려 높이 평가하는, 요즘 표현으로 리스펙[1]의 뜻도 함께 담겨 있죠.

한편 단어 끝에 한자어 '-충(蟲)'을 붙이자, 어쩐지 그 어감이 확 달라집니다. 물론 약간의 농담이 섞여 있긴 하지만, 그보다는 상대에 대한 비난이나 차별 또는 무시와 조롱의 느낌이 좀 더 강하게 다가옵니다. 좀 전에 언급한 것처럼 특정한 계층이나 특정한 유형의 사람에 대해 조롱하는 의미로 '-충'이라는 말을 붙이기 시작한 것이 언제부터인지는 정확하지 않습니다만, 대체로 '일간베스트'라는 극우성향 사이트의 이용자 중 외국인혐오, 여성혐오 등을 일삼는 이들을 비하하는 말인 '일베충'에서 시작되었다는 설이 유력합니다.

....
1. 영어의 'respect'를 의미한다. 래퍼들이 상대 래퍼를 추켜세우는 의미로 많이 사용되다가 일반적으로도 널리 사용되고 있다. 주로 상대의 뛰어난 능력에 대한 존경, 경의, 존중, 정중 등을 표현하는 상황에서 사용된다.

이 사이트의 이용자들이 워낙 입에 담기 거북할 만큼 심한 혐오의 말들과 온갖 조롱과 차별의 말들을 쏟아냈기 때문에, 그런 행위를 비판하기 위해 생겨난 말이었겠지만, 그 불똥은 사방팔방으로 튀어 불특정 다수에게 벌레들이 옮겨붙고 말았습니다. 그로부터 촉발된 온갖 '○○충'들이 세상에 넘쳐나게 되었으니까요.

＿＿ 세상의 온갖 ○○충들에 관하여

'○○충'이란 표현이 워낙 광범위하게 쓰이다 보니, 누군가는 그 유형을 유머·농담형, 민폐행동 비판형, 차별·조롱형의 세 가지 유형으로 분류하기도 했습니다.[2]

먼저 유머·농담형입니다. 이는 대상을 다소 유머러스하게 표현하고자 하는 것입니다. '진지충', '설명충' 등을 그 예로 들 수 있죠. 진지충은 쓸데없이 매사에 너무 진지하게 굴어서 분위기를 못 맞추는 사람을 이르는 말입니다. 또 상대방이 별로 궁금해하지 않는데도 불구하고 필요 이상 장황하게 설명을 늘어놓는 사람은 '설명충'이라고 하죠. 이 책에서 여러분에게 이런저런 설명을 장황하게 늘어놓고 있는 저도 일종의 '설명충'이라고 불릴 수 있겠네요. 비록 '벌레'라는 의미 때문에 마냥 기분 좋을 수는 없겠지만, 그래도 이 정

---

2. https://www.etoday.co.kr

#너도_#벌레냐?_#나도_벌레다..._#세상이_온통#벌레천국

도라면 그저 상황을 재미있게 표현한 농담 정도로 받아들일 수 있고, 듣는 사람도 기분이 크게 언짢아질 정도는 아닙니다.

다음으로 민폐행동 비판형입니다. 주로 다른 사람들에게 피해를 준다거나 불쾌감을 야기하는 무개념 행동을 일삼는 일부 그룹을 비판하기 위해 쓰는 경우인데요. 대중교통을 이용할 때, '장유유서' 운운하며 젊은 세대에게 무조건적인 양보를 강요하거나 시비를 거는 일부 '진상' 노인층을 지칭하여, '노인충', '틀딱충'[3]이라고 한다거나, 공공장소에서 아이들이 뛰어다니거나 우는 행동을 그냥 내버려 두어 타인에게 불편을 주는 일부 어머니들을 가리켜 '맘(mom)충'이라고 하는 것 등이 대표적인 예입니다. 그런데 민폐행동 비판형의 경우 다음에 설명하겠지만, 결국은 특정 집단 전체를 차별이나 조롱하는 의미로 확대되어 버리기 때문에 일부만 한정하여 가리킨다고 하기에는 구분이 애매합니다. 실제로도 처음에는 특정 행동을 하는 경우에 한해 비판적 의미로 사용되었으나, 나중에는 그 대상이 점차 확장되어, 타인에 대한 민폐 행동을 했는지와 관계없이 특정 연령대나 성별 전체를 싸잡아 비하하는 말로 쓰이게 되었으니까요. 예컨대 '노인충(또는 틀딱충)'과 '맘충'은 일부 온라인커뮤니티 사이트에서는 이미 특정 연령대 전체를 가리켜 비하하고 조롱하는 의미로 널리 쓰이고 있습니다.

....
3. '틀니를 딱딱거린다'라는 일부 노인들의 특징에서 유래한 신조어. 나이를 앞세워 젊은이들에게 무작정 훈계를 한다거나 아무에게나 시비를 건다거나 공공장소에서 제멋대로 행동하며 민폐를 끼치는 노년층을 비하하는 말로 쓰인다.

끝으로 차별·조롱의 의미로 쓰이는 경우입니다. 혹시 '지균충', '기균충'이라고 들어보았나요? 이는 '지역균형'이나 '기회균등' 선발 전형으로 대학에 진학한 학생들을 비하하는 표현입니다. 대학을 서열화하는 것으로도 모자라, 이제는 같은 대학에 다니는 학생끼리도 정시, 논술, 학종 등 어떤 전형으로 대학에 합격하였느냐에 따라 '진골'이니 '성골'이니 운운하며 서열을 매기고, 특정 전형 합격자에 대해 조롱을 일삼게 된 상황이 참 씁쓸하기만 합니다. 특히나 공정 문제에 예민하게 반응하는 요즘 세대들은 '기회의 평등'을 보장하기 위한 제도적 장치가 오히려 자신의 기회를 상대적으로 박탈한다고 여기는 것 같습니다. 한편으로는 자신이 열심히 노력해서 이룬 성취에 대해 다른 사람과 구분되고 싶은 과시욕의 발로일 수도 있을 것입니다.

상대를 벌레로 지칭하는 차별과 조롱의 사례는 이 밖에도 많습니다. 서울이 아닌 지방에 사는 사람은 '지방충'이라고 하고, 학생들을 두고 '급식충'이라고 부르기도 합니다. 무상급식이 전국의 모든 학교로 확대되면서, 등교해서 하루 종일 아무 생각 없이 공짜로 밥만 축낸다는 뜻에서 학생들을 비하하여 '급식충'이라고 부르기 시작했다고 합니다. '노인충'에서 한 발 더 나가서, 나이를 무기로 젊은 세대에게 틀니를 딱딱거리며 훈계를 한다 하여 '틀딱충'이라는 말도 생겼습니다. 또 일부 여성들은 한국 남자들을 '한남충'이라며 싸잡아 조롱하기도 합니다. 이는 '된장녀' 논쟁으로 촉발된 젠더 갈등의 확산에 기름을 부은 단어이기도 하죠.

____ 불특정 대상을 마구잡이로 비하하는
접미사로 굳어버리다

안타깝게도 이 'OO충'이라는 말은 이제 평범한 접미사처럼 굳어버린 것 같습니다. 웬만한 상황에서 '충'이라는 말을 붙이면 대충 조롱의 의미를 전달할 수 있죠. 아무 단어에나 붙여 써도 '착착' 잘도 들러붙어 어울립니다. 상대방의 특정 행동에 대해 'OO충'이라고 비판함으로써 심리적으로 묘한 쾌감과 재미를 주기도 합니다. 그러다 보니 어느새 우리 사회구성원들이 너 나 할 것 없이 하루아침에 벌레로 전락한 것 같아 안타깝습니다. 일부 전문가들은 마치 접미사처럼 '-충'을 붙여서 온갖 상대를 조롱하고 비하하는 이유에 대해 "젊은 세대의 불안감 때문"이라고 분석하기도 합니다. 팍팍한 현실에서 궁지에 내몰린 청년들이 자조적 공격성과 적대감을 표출하고 있다는 것이죠. 치열한 경쟁 사회에서 연애, 결혼, 꿈과 희망까지 모두 포기한 청년 세대는 타인은 물론 자기 자신에게조차 아량을 베풀 마음의 여유 따윈 없다는 것입니다.

그런데 문제는 처음에는 다소 불편하게 인식하던 말들도 습관적으로 쓰다 보면 어느새 그 말에 담긴 혐오와 차별에 대해 그 어떤 문제의식도 느끼지 못하게 된다는 점입니다. 더욱이 심각한 점은 자신도 모르는 사이에 특정 계층에 대한 혐오가 일상화되고, 혐오 이미지가 뚜렷이 각인되기 쉽다는 점입니다. 사실 세대, 인종, 계층, 성별, 지역 간의 갈등은 어느 시대에나 존재했습니다. 하지만 오늘날처럼 신구세대가 서로 반목하고, 남성과 여성이 이토록 서로를 극렬하게 비난하고 증오했던 적은 유례가 없습니다. 뒤에서 좀 더 자세히 설명하겠지만, 혐오 표현이 진짜로 위험한 것은 혐오의 대상으로 낙인찍힌 대상을 공동체 밖으로 밀어내거나 혹은 아예 제거해버리고 싶다는 욕망을 전제로 하기 때문입니다. 특정 혐오의 세력이 커졌을 때 얼마나 끔찍한 일들이 벌어질 수 있는지에 대해 우리는 홀로코스트(나치의 유대인 대학살) 등과 같은 비극적인 역사적 사실을 통해서 이미 잘 알고 있습니다..

　오늘날 이런 혐오 표현들이 과거 어느 때보다 기승을 부리게 된 것은 '익명성'을 앞세운 온라인의 특성 때문이기도 합니다. 익명성이라는 보호장치 뒤에 숨어서 혐오 표현들을 마구잡이로 만들어냈고, 그 말들이 벌레처럼 오프라인 세상으로 꿈틀꿈틀 기어 나와서 일상적인 언어생활을 오염시키고 있는지도 모릅니다. 국가인권위원회에서 발간한 〈혐오 표현 실태와 규제방안 실태조사〉에 따르면 혐오 표현을 접한 이후 "스트레스나 우울증 등 정신적 어려움을 경험하였나?"라는 질문에 장애인(58. 8%), 이주민(56.0%) 성소수자(49.3%) 등 절반 정도의 응답자가 경험이 있다고 답했다고 합니다. 그런데 과연 소수자들만 이런 어려움을 겪을까요? 온갖 혐오의 말들이 창궐하고 있는 지금의 상황에서 어느 누구도 혐오의 표적에서 자유로울 수 없습니다. 어느 순간 누구나 피해자가 될 수 있고, 반대로 가해자도 될 수 있다는 것을 잊지 말았으면 합니다.

세대갈등

꼰대와 싸가지의
공통점은 무엇일까요?

02

이 책을 처음 시작할 때 수메르인
의 기록을 소개하면서 세대 갈등은 어제오늘의 일이 아님을 이야기
한 바 있습니다. 하지만 요즘은 그러한 갈등이 한층 심화되는 느낌
입니다. 젊은이들은 기성세대를 꼰대라고 부르며 그들이 하는 말에
귀를 기울일 마음이 '1도 없어'[4] 보입니다. 한편 기성세대는 젊은 세
대를 '싸가지' 없다고 타박하면서 "라떼는 달랐다."라며 원치 않는
잔소리를 늘어놓습니다.

이러한 시대상은 교사와 학생의 관계에도 드러납니다. 일단 "스
승의 그림자도 밟지 않는다."는 말은 이미 구시대의 유물이 된 지
오래고, 오히려 추락한 교권이 사회문제로 떠오르고 있죠. 그래서

....
4. '전혀 없다'는 뜻의 '하나도 없다'는 관용구에서 '하나' 대신 숫자 '1'을 넣은 신조어. 한국말이
서툰 연예인이 나와서 실수로 한 말이 재미를 타고 유행되었다고 한다.

인지 담임교사를 지칭하는 표현에도 적잖은 비하의 의미가 담긴 지 오래입니다. 학교에서 담임교사를 지칭하는 말에도 유행이 있습니다. 1990년대에서 2000년 초반 청소년들은 담임 선생님을 두고 '담탱이'라고 불렀습니다. 남자 노인을 낮춰 말하는 표현인 영감탱이에서 유래된 말이라고도 하는데, 한동안 널리 쓰이던 이 말은 요즘에는 별로 많이 들리지는 않는 것 같습니다.

___ 없던 세대 갈등도 샘솟게 하는 마법의 표현

요즘 청소년들은 나름 통하는 선생님들은 그냥 '쌤'으로, 그렇지 않은 경우는 '담탱이'를 넘어 그냥 선생님을 친구 부르듯 이름으로 지칭하는 경우도 허다한 것 같습니다. 나아가 의사소통이 잘되지 않는 답답한 선생님들을 두고는 그냥 '꼰대'라고 부르죠.

2017년 출간된 《꼰대의 발견》이라는 책에 의하면, 꼰대란 특정 성별과 세대를 뛰어넘어 "남보다 서열이나 신분이 높다고 여기고, 자기가 옳다는 생각으로 남에게 충고하는 것, 또는 남을 무시하고 멸시하고 등한시하는 것을 당연하게 여기는 자"를 지칭한다[5]고 하였습니다. 앞서 1부에서 청소년들이 선생님이나 어른과의 소통에서 어려움을 느끼는 말들을 살펴보았는데, 결국은 소통의 문제가

....
5. 아거, 《꼰대의 발견》, 인물과사상사, 2017, 임홍섭, 《90년대생이 온다》 11쪽에서 재인용

세대 간 인식 차이에서 오는 갈등의 한 요소라는 생각이 듭니다. 이러한 인식 차이가 젊은 세대의 눈에 어른들은 죄다 꼰대 마인드의 소유자로 보이게 하는 것은 아닐까 하는 생각도 듭니다. 반대로 어른들 눈에 젊은 세대는 대체로 어른에 대한 예의나 존중이라곤 찾아보기 어려운 '싸가지'로 보이지 않을까요? 그런데 재미있는 점은 꼰대와 싸가지 모두 남의 말에 귀 기울이지 않는 고집불통에 소통하기 어려운 상대라는 측면에서 크게 다를 바 없다는 점입니다. 기성세대든 젊은 세대든 모두 상대를 불통이라고 생각하는 경향이 있는 것은 마찬가지인가 봅니다. 그만큼 서로 높은 소통의 벽을 쌓고 있다는 뜻이겠지요?

바로 앞에서 특정 집단에 대한 프레임 씌우기와 폄하 조장 문제를 일으키는 다양한 '○○충'들에 관한 이야기를 나누었습니다. 여기에도 세대 간의 갈등을 드러내는 말들이 꽤 많습니다. 우선 청소년층을 싸잡아 비하하는 '급식충', 노인을 비하하는 '틀딱충', '연금충' 등은 특정 세대에 대한 폄하와 함께 노골적 분노마저 드러냅니다. 그리고 이제 이러한 말들은 단순한 세대 갈등을 넘어 사회분열을 일으키는 주요 요인이 되고 있죠. 서로의 세대를 가리켜 '벌레'라고 부르며 폄하하는 마당에 통합은 요원한 일입니다. 아무리 말로는 경쟁보다 상생, 분열이 아닌 화합과 통합의 중요성을 강조한들 서로에 대한 갈등의 골이 깊어질 대로 깊어진 상태에서 느닷없는 관계 개선은 무리한 바람일 뿐입니다. 갈등의 원인을 찾아 골을 좁히기 위한 노력이 필요하죠.

___ 불안한 유리계단 위에서 벌어지는 위태로운 경쟁

물론 역사적으로 세대 갈등은 어느 시대에서나 있었습니다. 하지만 오늘날에는 유난히 그 갈등 양상이 훨씬 더 강력하고 격렬한 형태로 나타나고 있습니다. 그 이유에 대해, 《90년대생이 온다》의 저자 임홍택은 "청년 세대 사이에 놓여 있던 자동 승진 에스컬레이터가 치워지고, '유리 계단'이 놓였기 때문"이라고 설명합니다.

1960년대 이후 우리나라는 한동안 세계 평균 경제성장률을 훨씬 웃도는 고도성장을 거듭해왔습니다. 이런 고성장 시대에는 대학을 갓 졸업하면 자연스럽게 기업의 평사원으로 입사하여 조직 내에서 자연스럽게 승진하는 자동 에스컬레이터에 올라타기만 하면 되었죠. 큰 문제를 일으키지 않는 한 시간이 흐를수록 점점 더 높은 자리로 올라갔고, 높은 자리로 올라갈수록 더 많은 권한과 직업 안정성을 부여받을 수 있었습니다.

하지만 1997년 외환위기를 기점으로 모든 것이 하루아침에 달라지고 말았습니다. 자동으로 움직이던 에스컬레이터의 전기 공급은 끊기고 말았죠. 엘리베이터 대신에 놓인 것은 안정적으로 기댈 난간조차 없으며, 언제 깨질지 모르는 불안한 유리 계단이었습니다. 이러한 불안정한 세계에서 사람들은 끊임없이 계단에서 밀려나 굴러떨어지기도 하고, 깨진 유리 구멍에 빠질 수도 있지만, 모든 걸 감수한 채 쉬지 않고 위만 보고 올라가야 합니다. 《꽃들에게 희망을》이라는 책에 나오는 애벌레들이 왜 그래야 하는지도 모른 채 끊임없이 애벌레 기둥을 타고 오르는 것처럼 말입니다. 이런 위태로운 유리 계단 위에 서 있어야 하는 이들에게 여유라는 단어는 사치입니다. 여유를 대신해 '억울함'과 '조급함'만이 생겨났고, 이렇게 모두가 억울한 세상에서 기성세대는 특별히 청년들을 위한 자비를 베풀 여유가 없다고 저자는 설명합니다.[6]

모두 버거운 상황이다 보니 젊은이들은 기성세대에게 또 다른 사회적 부담으로 여겨지고, 기성세대는 버거운 삶을 짓누르는 불필요한 부담이나 책임을 떠맡지 않기 위해 경계하고 회피하려 하게 됩니다. 그러다 보니 젊은이에 대한 사회적 관심은 사라져 갑니다. 한편 힘들게 대학교육을 이수한 젊은이는 낙타가 바늘구멍 들어가기보다 힘든 취업문을 뚫어야 하고, 취업 후에는 낮은 직급이나 불완전한 고용상태에 빠질 수밖에 없습니다. 그런데 힘들게 버티고 있는 젊은이들에게 또 새로운 경쟁자가 나타납니다. 바로 60세가 되기도 전에 퇴직한 노인 세대입니다. 너무 이른 나이에 퇴직한 이들은 전 세계 최고의 노인 빈곤율을 몸소 경험하기 전에 또다시 고용시장에 재진입하려고 노력하기 때문입니다. 결국 젊은 세대와 노인세대가 본의 아니게 고용시장에서 서로 경쟁자로 만나게 되는 것입니다. 상대를 밟고 올라서야 내가 살아남는 살벌한 경쟁구조라면 상대에게 배려나 온정의 마음을 갖기란 쉽지 않습니다. 그런 절박한 상태에서 '싸가지'를 챙기기란 버거울지도 모르죠.

....
6. 임홍택, 《90년대생이 온다》, 웨일북, 2018, 21~31쪽 참조

_____ 누구에게나 찬란한 젊은 시절이 존재한다

과거 어느 시대보다 급속한 기술의 발전으로 인한 사회변화를 경험하고 있는 오늘날에는 세대 구분의 단위도 그만큼 세분화되고 있는 것 같습니다. 시계를 잠시 뒤로 돌려 20세기 신세대들의 특징을 한번 살펴볼까요?

1960년대 후반에서 1970년대에 태어난 여러분의 부모님 세대는 한때 1990년대를 풍미했던 신세대였습니다. 청소년기에 민주화 항쟁을 경험하면서 정치적으로 민주화된 시기에 성장한 그들은 정치적 이슈에서 벗어나 경제적인 풍요 속에서 각자의 개성을 중시하며, 기존 가치나 관습을 대차게 거부하는 자유분방한 세대였습니다. 특히 어느 한 가지로 이 세대의 특성을 규정하기 어렵다고 하여 X세대[7]로 불렸죠. X세대 이후 등장한 것이 1980년대 이후에서 2000년대 이전 출생한 밀레니얼세대입니다. 밀레니얼세대라는 말은 《세대들, 미국 미래의 역사(Generations: The History of America's Future)》라는 책에 처음 등장했습니다. 이 책을 지은 역사학자이자 경제학자이면서 인구통계학자인 닐 하우(Neil Howe)와 윌리엄 스트라우스(William Strauss)에 따르면 이들은 앞선 세대보다 조금 덜 반항적이며 더 실용적인 생각을 갖고, 개인의 가치보다는 집단의 가치를, 권리보다는 의무를, 감정보다는 명예를, 말보다는 행동을

....
7. X세대에 관한 이야기는 4부에서 좀 더 자세히 이야기해볼까 합니다.

중시하는 경향이 있다고 합니다.

이 밀레니얼세대는 다시 분화되었는데, 1990년대 중반에서 2000년대 초반에 태어난 이들은 Z세대라는 새로운 이름으로 불립니다. Z세대는 디지털 기기와 함께 인생을 시작한 디지털 네이티브 세대입니다. 다만 밀레니얼세대에서 분화된 만큼 Z세대라고 규정할 명확한 경계가 모호하고, 특성 역시 중복되는 부분이 많고 딱 잘라 구별하기 어렵다 보니 흔히 두 세대를 아울러 MZ세대라고 합니다. 요즘 광고나 언론 등에 자주 등장하는 말이기도 하죠. 지금의 청소년들 역시 넓게 보면 MZ세대의 범주에 포함시킬 수 있을 것입니다. 훗날 현재의 MZ세대가 기성세대가 되었을 때, 미래의 신세대를 어떤 식으로 규정하고, 또 어떻게 평가할지 사뭇 궁금해집니다. 어쩌면 자신들이 가장 찬란했던 젊은 시절을 돌아보면서 무용담처럼 "라떼는 말이야~" 하며 추억하고 있을지도 모르겠군요.

___ 꼰대든 싸가지든 나이가 아니라 인식의 문제

"농경사회에서는 나이 먹을수록 지혜로워지는데, 자본주의사회에서는
지혜보다는 노욕의 덩어리가 될 염려가 더 크다."

이것은 꼰대, 혹은 꼰대가 될 가능성이 높은 기성세대를 향해 던진 고(故) 채현국[8] 효암학원 이사장의 말입니다. 어쩌면 이 메시지

는 오늘날 세대 갈등이 유난히 심해지는 이유 중 하나를 잘 설명해 주는 것 같습니다. 그렇다고 해도 과연 세대 갈등의 원인을 꼰대짓을 하는 기성세대만의 문제로 치부할 수 있을까요? 백 번 양보하여 오늘날 심각한 세대 갈등의 원인과 책임을 기성세대로 돌린다고 해도, 단지 내게 듣기 싫은 말을 하는 사람이라는 이유로 무조건 '꼰대' 취급하는 태도 또한 문제는 있어 보입니다. 특히나 'X세대'로 불렸던 여러분 부모님 세대들은 스스로를 누구보다 개방적이라고 생각하는 경우가 많고, 맘속으로 '꼰대'라고 불리기를 누구보다 싫어합니다. '꼰대'라는 말 자체가 지닌 낙인 효과가 두려운 거죠. 그래서 행여 '꼰대'라는 낙인이 찍힐까 주눅 들게 만들고, 때로는 어른으로서 당연히 해야 할 말까지도 삼가거나, 심지어 청소년에게 꼭 필요한 도움의 손길조차 주저하게 만들지도 모릅니다.

나이를 먹었다고 해서 다 꼰대라고 할 수 없고, 또 젊다고 해서 다 싸가지 없다고 몰아세울 일은 아닙니다. 심지어 요즘은 젊은 꼰대도 많습니다. 결국은 인식의 문제입니다. 공동체 사회를 구성하고 이를 누리며 살기 위해서는 상호 소통과 공감이 전제되어야 합니다. 이러한 인식을 공유하고 세대 간에 또는 세대 안에서 유기적인 소통이 이루어지지 않으면 그 사회는 반목과 질시만이 넘쳐날 것입니다. 그리고 세상에는 온통 젊은 꼰대와 늙은 꼰대 그리고 젊은 싸가지와 늙은 싸가지들로 넘쳐나게 되겠지요. 그러니 누군가에

---

8. 우리 시대의 어른으로 불리던 제4대 효암학원 이사장. 청년문화포럼 고문을 역임하였다.

게 '꼰대'라는 말을 던지기 전에 한번 생각해보면 좋겠습니다. 혹시 상대방의 주장에 충분한 타당성이 있는데도, 상대방이 나를 이해해 주지 않는다는 서운함, 또 그저 내 귀에 거슬리는 말이라는 이유만 으로 상대방을 무조건 '꼰대'라는 프레임에 가둔 채, 나의 잘못된 행 동을 정당화하지는 않았는지 말입니다. 어쩌면 그런 행동이야말로 진정한 꼰대질 아닐까요?

남녀혐오

남자애들끼리 왜 "이년아, 밥 먹었니?"라고 말할까?

03

이야기를 시작하기 전에 여러
분에게 세계인권선언문의 내용을 소개하고 싶습니다. 먼저 이것
을 읽으면서 이 선언문의 취지가 무엇인지 한번 곰곰이 생각해보
았으면 합니다.

세계인권선언문 제55조

사람의 평등권 및 자결원칙의 존중에 기초한 국가 간의 평화롭고 우호
적인 관계에 필요한 안정과 복지의 조건을 창조하기 위하여, 유엔은 다
음을 촉진한다.

가. 보다 높은 생활수준, 완전고용 그리고 경제적 및 사회적 진보와 발
　　전의 조건

나. 경제, 사회, 보건 및 관련 국제문제의 해결 그리고 문화 및 교육상
   의 국제협력

다. 인종, 성별, 언어 또는 종교에 관한 차별이 없는 모든 사람을 위한
   인권 및 기본적 자유의 보편적 존중과 준수

____ 여자라고 부르는 것이 비하라고?

이상의 세계인권선언문 내용에 따르면 우리 인간은 인종이나 성
별, 언어, 종교 등의 이유로 차별받지 않고 모두가 인권을 존중받아
야 합니다. 그런데 우리의 현실은 어떠한가요? 안타깝게도 선언문
과 다른 경우가 많습니다. 여러분도 인정하겠지만, 차별은 사회 전
반, 심지어 교실에도 만연해 있습니다. 특히 우리 사회에 만연한 여
성혐오가 이미 교실에도 적잖이 물들고 있다는 것을 종종 목격하곤
합니다. 가끔 아무리 둘러봐도 남자애들뿐인데, 이런 대화 내용이
들려올 때가 있습니다.

   "이년아, 밥 먹었니?"
   "그래, 먹었다 이년아!"

도대체 누굴 보고 '년'이라고 하는 걸까, 혹시나 해서 주변을 다시 둘
러봅니다. 아무리 봐도 근처에 여학생은 없습니다. 그래서 물어보니,

#당신의 #어머니도_#여성입니다!

요새는 남자아이들끼리도 특정한 아이에게, '놈'이 아닌 '년'이라고 한답니다. 여자에게도 '년'이라는 호칭이 부적절한 마당에, 굳이 왜 남자끼리 그런 말을 쓰느냐고 물어보니 황당한 답변이 돌아옵니다.

"꼬X를 달고 있을 가치가 없어서요"

많은 청소년들이 서로 욕을 주고받는 것을 일종의 친밀감 표현으로 생각합니다. 특히 남자아이들끼리는 시도 때도 없이 서로에게 '놈'이니, '새X'니 하는데, 이런 말은 더 이상 욕도 아니고 심지어 상대방에게 어떤 모욕감도 주지 않는다고 하는군요. 예컨대 친구에게 이렇게 말하는 건 욕이 아니라는 거죠.

"야, 이 미친놈아!"

이렇게 표현하는 건 그냥 친근감의 표현이라는 것입니다. 만약 친근감을 넘어 상대를 좀 비하하고 싶다면 이렇게 말해야 한다고 하네요.

"이거 미친년 아니야?"

성을 바꿔서 말해야 진정으로 상대에 대한 비하의 의미를 전달한다는 거죠. 여성으로 불리는 것이 상대를 욕보이는 최상의 방법이라니, 솔직히 당황스러움을 넘어 참담한 심정마저 들었습니다.

신화에서 발견한 여성혐오

신화 속 여성혐오의 출발은 여러분도 잘 알고 있는 '판도라'이다. 판도라의 탄생 기원 자체가 신이 인간에게 내린 징벌 같은 것이다. 프로메테우스가 인간을 위해 신들로부터 불을 훔친 것에 분노한 제우스가 인간에게 "즐거움을 위하여 악(惡)한 것(evil thing for their delight)"을 선사하여 벌을 주기로 한다. 그래서 대장장이 헤파이스토스에게 명하여 여신처럼 아름다운 여자를 만들라고 명령하여 탄생한 것이 바로 '악한 것', 즉 '판도라'이다. 판도라의 아름다움에 반한 프로메테우스의 동생 에피메테우스는 판도라를 조심하라는 형의 경고를 무시한 채 판도라와 결혼한다. 둘의 결혼식에 제우스는 상자(항아리) 하나를 결혼선물로 주면서, 절대 열면 안 된다고 경고하지만, 호기심을 이기지 못한 판도라가 남편의 반대에도 불구하고 남편 몰래 그 상자를 열어버렸고, 그 결과 세상에 온갖 악(출산, 질병, 노화, 죽음)을 퍼트렸다는 이야기이다. 물론 놀란 판도라가 황급히 상자를 닫아서 마지막 '희망' 하나를 남겨두긴 했지만, 이 세상의 모든 불행은 결국 여자에 의해 생겨난 것이라는 게 주요 내용이다. 성경에도 비슷한 이야기가 있다. 바로 간사한 뱀의 꼬임에 빠져 선악과를 따먹은 하와의 이야기다. 두 이야기 모두 인간이 겪는 불행의 원죄를 여성에게 묻고 있다는 점에서 동일하다. 이런 이야기 때문에 여성혐오가 뿌리를 내리게 된 것인지, 아니면 여성혐오 때문에 이런 이야기들이 만들어진 것인지는 정확히 알 수 없지만, 분명한 건 여성혐오에 대한 역사가 그만큼 오래되고 뿌리 깊다는 사실이다.

_____ 당신은 존재 자체가 혐오입니다

왜 남자아이에게 '미친년'이라고 하는 것이 욕이 되는 걸까요? 이에 관해서는 여러 해석이 가능하지만, 미국의 여성학자 이브 세지윅(Eve Kosofsky Sedgwick, 1950~2009)의 주장[9]을 빌어 설명하면, "남자들 사이에는 남성 간 유대감, 즉 호모소셜[10]이 강하게 작동하고 있으며, 이러한 남성들만의 세계에서 추방되는 것에 대한 공포를 가지고 있다."고 합니다. 예로부터 남자아이들이 소위 '남자답지 못한 행동'을 할 때, 어른들이 "고추 떨어진다."라고 말해온 것도 유사한 맥락으로 해석할 수 있습니다.

세지윅에 의하면 남자들의 세계에서 가장 큰 두려움은 바로 남자 취급을 받지 못하는, 즉 여자 취급을 당함으로써 남자들의 세상에서 배제되는 것인 셈이죠. 이렇게 볼 때, 남자아이에게 "이년"이라고 부르는 것은 엄청난 모욕을 주는 말이 됩니다. 이렇게 언제 자신이 여성 취급을 당해 무리에서 배척당할지 모른다는 것에 대한 공포가 결국에는 '여성에 대한 혐오'의 감정으로 이어진다는 것이 세지윅의 주장입니다.

....
9. 우에노 지즈코, 《여성혐오를 혐오한다》, 제2장 참조
10. 1985년 미국 여성학자 이브 세지윅의 《Between Men》(국내 미간행)이라는 책에서 처음 제시된 말이다. 세지윅은 호모소셜이 호모섹슈얼과 구별되기 위해서 더욱 엄격하고 강렬하게 이질적인 대상을 배제하려는 경향이 있다고 말한다. 호모소셜은 남성들이 자신들을 '성적인 주체화' 하려는 특성을 갖게 하고, 자신들이 남성성이라고 규정한 특성에서 조금이라도 벗어나는 것에 대해 공포에 가까운 두려움을 느끼게 만든다.

역사적으로 아주 오랜 시간 여성에 대한 비하는 일반적이었고, 따라서 그와 관련된 표현들도 많았습니다. 주로 여성을 성적으로 상품화하거나 여성의 지적 수준 등을 비하하는 말들이었죠. 그러던 것이 여성의 존재 자체를 혐오하는 돌연변이 표현으로 진화합니다. 2006년에 새로운 여혐 표현의 원조 격인 '된장녀'라는 신조어가 등장했습니다. 이 말은 그 해의 신조어 1위를 차지하면서, '김치녀', '상폐녀', '한녀' 등과 같은 '○○녀' 시리즈들을 줄줄이 양산했습니다. 다만 이런 표현들이 처음부터 여성 전체를 비하하는 말로 쓰인 것은 아니었습니다.

'된장녀'의 경우 "정작 자신은 경제적 활동을 하지 않으면서 부모나 상대 남성의 경제적 능력에만 의존하는 젊은 여성"을 비하하여 일컫는 말이었죠. 따라서 처음에는 자신의 경제적 능력으로는 감당하기 힘든 고가의 명품을 선호하는 사치스러운 여성들을 지칭하는 말로 의미가 국한되었지만, 지금은 자신의 '여성성'을 무기로 남성들에게 보호받고 배려받는 것을 당연시하는 모든 여성을 비하하는 말로 의미가 크게 확장되었습니다. 때마침 불고 있던 페미니즘의 유행과 함께, 젊은 남성들을 중심으로 이에 대해 강한 반감을 드러내며 각종 '○○녀' 시리즈들이 끝도 없이 계속 유행하게 되었습니다. 요즘 우리 사회에서 끝없이 양산되고 있는 ○○녀 시리즈를 보면 여자들이 마치 태생적으로 무슨 중대한 혐오 요인이라도 안고 있는 것처럼 비쳐지는 것 같아 씁쓸하기 그지없습니다. 그냥 존재 자체가 혐오라는 느낌을 주기 때문이지요.

___ 상대적 박탈감과 날로 극심해지는 여성혐오

어떤 이들은 오늘날과 같이 본격적인 여성혐오가 확산되는 현상을 두고 여성에 대한 처우가 개선되면서 생긴 반작용의 하나로 바라보기도 합니다. 여성의 권리에 대한 사회적 요구가 높아지면서 상대적으로 손해를 본다고 느끼게 된 남성들의 반란이, 새로운 형태의 여성혐오로 불붙고 있다는 주장입니다. 장기화된 불황 속에서 좋은 학교, 직장 등을 차지하기 위한 경쟁이 날로 치열해지고 있습니다. 좋은 학교든 좋은 직장이든 차지할 수 있는 파이의 크기는 정해져 있는 마당에 남자들끼리의 경쟁도 버거운데, 이제 여자들과도 경쟁해야 하니까요.

최근 뜨거운 감자로 떠오른 것은 우리 사회 각 분야에서 도입되고 있는 '여성할당제'입니다. 이에 관한 찬반논란과 함께 젊은 남성들의 상대적 박탈감에 불을 질렀죠. 아울러 남성만을 대상으로 하는 징병제가 있는 우리나라에서 남성들, 특히 젊은 남성들은 지금껏 남자라서 더 유리했던 기억은 별로 꼽을 만한 게 없는 것 같은데, 어쩐지 혜택은 자꾸 여성에게만 돌아가는 것 같다며 불만을 호소합니다. 앞서도 언급했지만, '기회의 평등'을 위한 제도적 장치가 오히려 어느 한쪽의 상대적 박탈감으로 해석되는 대표적 사례로 볼 수 있죠. 또 최근에는 경제 불황의 장기화와 함께 날로 청년 실업률이 높아지면서, 그 불안함을 투사할 누군가가 필요하게 되면서 여성혐오가 대두되었다는 주장도 제기됩니다.

아무튼 최근 젊은 남성을 중심으로 한층 격렬해진 여성혐오의 뚜렷한 원인 규명은 어렵지만, 분명한 것은 이미 위험수위를 넘은 지 오래이며, 이것이 치열한 성별 갈등을 일으키고, 나아가 심각한 사회문제로 번지고 있다는 것입니다. 최근 모 명문대 남학생들이 단톡방에서 여성을 성적으로 비하하는 발언을 하고, 박사방 등 미성년자 성착취 동영상을 거래하는 사이트까지 발각되는 등의 범죄행위가 사회에 알려지며 공분을 샀습니다. 심지어 해당 사이트 관리자 중에는 만 18세의 청소년마저 포함되어 있어 충격을 안겨주었죠. 청소년기는 성장의 주요 길목입니다. 특히 추상적 사고력이 크게 발달하면서 다양한 개념화가 이루어지는 시기이기도 합니다. 물론 오랜 세월 이어져온 뿌리 깊은 가부장적 사고방식의 학습 결과도 적지 않은 영향이 있겠지만, 올바른 성적 개념과 성 정체성을 확립해가는 청소년기에, 자칫 무심코 사용하는 여성혐오적인 다양한 언어 표현으로 인해 자신도 모르게 왜곡된 성인식에 물들고 있다면 더욱 큰 문제가 아닐까요? 평소 자신이 자주 사용하는 말들을 다시 한 번 돌아볼 때가 아닌가 생각합니다.

한국여성정책연구원에서 실시한 설문조사 결과에 의하면 된장녀나 김치녀 같은 여혐 표현에 공감하는 10대 남학생들이 무려 66.7%로, 대학생이나 다른 연령층의 남자들보다 10% 이상 높게 나타났다고 합니다. 또한 그런 표현에 공감하는 그 절반 이상의 남학생 중에서 또 20% 이상의 적지 않은 남학생이 여혐 내용이 담긴 댓글을 달아본 적이 있다고 합니다. 여기에 여성가족부의 발의로 실시된 자정 이

페미니즘과 여성혐오

페미니즘은 남성 중심 사회에서 오랜 시간 억눌려온 여성들이 자신의 권리와 주체성을 강화하려는 목소리를 내는 것이었다. 하지만 요즘은 페미니즘에 대한 왜곡이 가히 심각한 수준으로 페미니즘에 대한 혐오, 나아가 여성에 대한 혐오로 이어지는 양상이다. 예컨대 '메갈, 꼴페미' 등의 혐오 표현을 들 수 있다. '메갈'이라는 말은 여성에 대한 혐오를 그대로 남성에게 돌려준다는 '미러링' 운동을 사회운동 전략으로 내세운 '메갈리아'라는 사이트의 이용자들을 비하하는 말이다. 이 '미러링' 운동이 페미니즘을 명분으로 혐오를 위한 혐오를 조장한다는 비판을 받기도 하는데, 그런 차원에서 그 사이트 이용자를 '메갈'이라고 비하하는 것이다.

사회학자 앨런 G. 존슨(Allan G. Johnson)은 "여성혐오란 여성을 여성이란 이유로 혐오하는 문화적 태도"라고 하였다. 여성혐오의 역사는 사실 인류의 역사와 거의 맥을 함께해왔다고 할 수 있다. 잭 할런드(Jack Holland)는 자신의 저서 《여성혐오: 가장 오래된 편견》(Misogyny: The World's Oldest Prejudice)에서 고대 세계의 신화 속에서도 여성혐오의 사례들을 찾아볼 수 있다고 주장했다.

여성혐오의 역사는 매우 오래되었다. 민주주의의 꽃이라고 불렸던 고대 그리스에서도 여성에게는 참정권이 없었다. 근대에 들어 비로소 여성에 대한 차별적 대우들에 대한 개선이 조금씩 이루어지기 시작했다. 여성에게 참정권이 생긴 것도 19세기 페미니즘 운동의 전개로 이루어졌으니 생각보다 그리 오래되지 않은 일이다. 세계 최초로 여성의 참정권을 법으로 인정한 나라가 뉴질랜드인데 1893년이었다. 다른 나라들 대부분이 20세기에 들어와서 여성에게 참정권을 주었고, 그마저도 초기에는 부동산 소유 등의 일정 자격을 갖춘 30세 이상으로 한정했다. 오랜 시간 억눌려온 여성들에 대한 차별적 대우 개선이 이루어진 지 불과 얼마 지나지 않았는데, 페미니즘에 대한 왜곡된 인식이 사회 전반에 만연하는 상황이 심히 안타까울 뿐이다.

※자료: 위키백과 '여성혐오' 참조

후 '게임 셧다운제'[11]는 10대 남학생의 여혐에 불을 지폈습니다. 이처럼 최근에는 20대 및 10대들 사이에서 여성혐오 경향이 특히 심각한 것 같습니다. 어떤 이들은 이러한 현상을 두고 학업에 열중해야 하는 청소년 시기에 이성 교제가 금기시되면서, 남학생들이 여성과 격리된 남성만의 일상생활에 익숙해졌기 때문이라고 분석하기도 합니다. 남학생들이 비성소수자/남성/비장애인으로서의 정체성을 공유하고, 상대적 주류로서의 우위를 서로 확인함으로써 그들 사이의 유대감을 형성하기 때문이라는 것이죠.

이러한 유대감은 바로 앞에서 언급했던 미국 여성학자 이브 세지윅이 말한 '호모소셜' 문화입니다. 물론 세지윅의 주장에 대해서는 다양한 반론도 제기되고 있습니다만, 분명한 점은 오늘날처럼 성별에 대한 혐오와 차별을 조장하는 발언이 난무할수록, 평소 혐오를 갖지 않았던 사람들조차 혐오 표현을 무심코 사용하게 된다는 점입니다. 말이 씨가 된다는 말처럼, 이러한 표현이 번지면 사회 전반의 젠더의식을 왜곡하고, 성인지 감수성을 떨어뜨리며, 나아가 돌이킬 수 없는 사회분열의 씨앗이 될 수 있음을 잊지 말았으면 합니다.

----

11. 16세 미만 청소년에게 심야(자정부터 오전 6시까지)의 인터넷 게임 제공을 제한하는 제도이다. 남자 청소년들이 게임 셧다운제에 얼마나 분노했던지, '여성혐오'가 생겨난 이유에 대한 설문조사(한국여성정책연구원, 2015)에서 '여성가족부' 때문이라고 응답한 남자 청소년의 비율이 다른 연령대나 성별과 비교해 가장 높았다고 한다.

사내자식은 쩨쩨하게
굴면 안 되는 법 있나요?

앞에서 역사적으로 뿌리 깊은
여성에 대한 차별과 최근에 사회적 문제가 되고 있는 여성혐오에
관한 이야기를 해보았습니다. 특히 여성의 사회적 지위 향상과 관
련해 젊은 남성들을 중심으로 상대적 박탈감이 만연하면서 이것이
극단적인 여혐 확산의 주요 원인 중 하나로 작용하는 점도 살펴보
았죠. 남성들의 입장을 들어보면 나름 고충이 많습니다. 특히 양성
평등이 대세인 요즘에는 더더욱 남자로 세상을 살아가는 것이 그
어느 때보다 고단하다며 하소연합니다. 여성들과의 경쟁은 날로 치
열해지는데, 예전만큼 더 대우받는 것도 없는 와중에 오히려 남자
라서 참아야 하는 것도 많고, 암묵적인 양보를 강요받기도 한다고
말입니다. 또 남자이기 때문에 운신의 폭이 좁아지는 경우도 생각
보다 많다고 불만을 토로합니다.

___ 남자라도 못할 수 있죠!

교실에서 다툼은 흔한 일입니다. 동성끼리 다툴 때도 있지만, 남학생과 여학생이 서로 티격태격하는 경우도 있습니다. 그런데 남학생과 여학생이 서로 다툴 때는 동성에게는 하지 않던 다음과 같은 말들을 주고받게 됩니다.

"야, 넌 남자가 돼 가지고 쩨쩨하게 그깟 일로 화를 내니?"
"그러는 너는 여자애가 무슨 말을 그렇게 함부로 하냐?"

사실 학교에서 힘쓰는 일이 생기면 주로 남학생에게 시킵니다. 이럴 때 힘을 잘 못 쓰고 쩔쩔매는 남학생이 있으면, 다음과 같은 핀잔이 돌아오기 십상입니다.

"남자가 돼 가지고…… 겨우 그것도 못 들어?"

사실 이런 말은 선생님, 여학생, 심지어는 같은 남학생이 던지기도 합니다. 교실 안에서 흔히 들리는 말이죠. 아마 여러분도 어릴 때부터 흔히 경험했을 것입니다. 여자아이가 뭔가 힘쓰는 일을 하려고 하면 아빠나 주변의 남자 어른이 냉큼 달려와 "여자아이는 이런 험한 일 하면 안 돼."라고 하면서 대신해줍니다. 또 여자아이가 놀이터에서 놀다가 넘어져 울면 "많이 아파? 괜찮아?" 하면서 달래는데, 남자

아이의 경우에는 "우리 ○○이는 씩씩하지? 남자가 그깟 일로 울면 안 돼." 하고 말합니다. 그런 환경에서 자란 남자아이들은 정말 울고 싶은 상황에서도 남들 앞에서 눈물 보이는 것을 부끄럽게 생각하며 맘대로 울지 못합니다. 한편 여자아이들은 몸을 쓰는 힘든 일은 아예 해볼 생각도 않고, 자연스럽게 남자아이들에게 미루게 되죠.

___ 과연 얼마나 갈지 지켜보자!

영화 《빌리 엘리어트》를 보면 아버지의 성화에 못 이겨 매일 체육관에 권투를 배우러 가던 소년 빌리가 우연히 여학생들의 발레 수업을 보고 발레에 매료됩니다. 그렇게 발레를 시작한 빌리는 아버지의 강력한 반대에 부딪혔지만, 결코 발레를 포기할 수 없었죠. 결국 위대한 '발레리노'가 되어 꿈을 이루는 과정이 감동적으로 그려집니다. 처음에 아들이 발레를 한다는 것을 알게 된 빌리의 아버지는 아들을 무섭게 다그치며 말합니다.

> "남자애들은 축구나 복싱 아니면 레슬링을 하는 것이지, 빌어먹을 발레를 하는 건 아니야!"

'남자는 어때야 한다 또는 여자는 어때야 한다'는 성적 고정관념에 사로잡힌 거죠. 오늘날에는 성별을 이유로 특정 직업 분야에 대한 진출 제한이 거의 사라졌고, 그러한 성적 고정관념을 드러내면 오히려 고루하다며 비난을 받기 쉽습니다. 물론 여성이 좀 더 많이 진출하는 직종, 남성의 비율이 좀 더 높은 직종이 여전히 있기는 하지만, 그렇다고 해도 성별을 이유로 차별을 받아서는 안 됩니다. 앞서 세계인권선언문에서 소개한 것처럼 누구나 타고난 성에 관계 없이 자신이 원하는 꿈을 키워갈 수 있어야 마땅하니까요.

어느 공인의 성적 편향성 발언이 사회적 물의를 일으킨 일이 있습니다. 2019년 무용계를 발칵 뒤집어놓은 사건이기도 했죠. 미국 ABC 방송의 앵커 라라 스펜서는 당시 6살 된 영국 윌리엄 왕세손의 아들 조지 왕자가 가을 학기에 발레 수업을 받게 되었다는 뉴스를 소개하면서, 비아냥거리듯 이렇게 논평을 덧붙였죠.

> "왕자가 발레 수업에서 매우 행복해한다고 하는데, 과연 얼마나 갈지
> 지켜보죠."

이 무례한 논평에 대해 즉각 사회적 반발이 곳곳에서 일어났습니다. 300명의 남성 댄서들이 뉴욕 타임스퀘어에서 단체로 발레를 선보이는가 하면, SNS에서는 '소년들도 춤춘다(#boysdancetoo)'라는 해시태그가 번졌습니다. 그리고 브로드웨이의 뮤지컬 연출가 제리 미첼(Jerry Mitchell)은 "진심인가요? 우리는 발레를 합니다. 지금은 2019년입니다. 정신 차려요."라는 메시지를 담은 동영상을 올리며 공개 비판했고, 스펜서는 결국 사과를 했습니다.

____ 상어 가족도 피해가지 못한 성역할 고정관념 논란

혹시 BTS의 노래 이상으로 전 세계적으로 유명세를 탄 K-동요가 있다는 것을 알고 있나요? 바로 여러분도 잘 아는 〈상어 가족〉입니다. '뚜루룻뚜루~'라는 중독성 강한 후렴구 때문인지 한번 듣고 나면 자신도 모르게 흥얼거리게 되죠. 그런데 이 노래의 가사에 전형적인 성역할 고정관념이 들어 있다는 비판이 일기도 했습니다. 가사를 잠깐 살펴볼까요? 중간에 들어가는 '뚜루룻뚜루~'는 생략했습니다.

> "아기 상어, 귀여운 바닷속 아기 상어, 어여쁜 엄마 상어, 힘이 센 아빠
> 상어, 자상한 할머니 상어, 멋있는 할아버지 상어."

엄마는 예쁘고, 아빠는 힘이 셉니다. 할머니는 자상하고, 할아버지는 멋있죠. 남녀의 성역할에 대한 사회적 인식이 많이 달라지고는 있지만, 아직도 많은 점에서 고정관념이 우리 사회를 지배하고 있음을 알 수 있습니다. 물론 이런 지적에 대해 불편해하는 사람들도 있을 것입니다. 남녀에 대한 통상적인 인상일 뿐인데, 이를 성역할 문제로 비화하는 것은 과도하다고 말입니다. 그러나 우리가 일상적으로 아무런 부담감 없이, 거리낌 없이 쓰기 때문에 어쩌면 더 문제가 아닐까요? 마치 가랑비에 옷 젖듯 평소 무심코 사용하는 말 한마디 한마디가 남녀의 성역할에 대한 우리 생각을 조금씩 조금씩 고정시키고 있다는 사실은 부정할 수 없으니까요.

___ 아직은 멀고도 험한 양성평등의 길

한 사회의 구성원으로서 필요한 성역할을 학습하게 되는 과정을 가리켜 성사회화(Gender Socialization)라고 합니다. 성사회화에서 가장 중요한 개념이 바로 성역할(Gender role)입니다. 성역할이란 실제의 성별이나 젠더[12]에 따라 사회적으로 그에 적합하다고 생각되는 사회적, 행동적 규범을 말합니다. 성역할 사회화를 통해 남자나 여자에게 필요한 태도는 권장되고 그렇지 못한 행동은 제재를 받게 됩니다. 우리가 "남자는 이래야 해.", 혹은 "여자는 이래야 해."라고 말하는 것은 바로 이런 성역할 사회화의 결과입니다. 성역할 사회화를 통해 어떤 태도, 행동, 개인적 특질을 한쪽 성과 자꾸 엮게 되는 것입니다. 하지만 성역할은 고정된 것이 아닙니다. 문화와 시대에 따라 얼마든지 달라질 수 있다는 것을 인정해야 하며, 이는 현재의 성역할이 이미 과거와 많이 달라진 점에서도 충분히 짐작할 수 있습니다. 과거에 통용되었던 '남자답게' 또는 '여자답게'가 내포하는 행동양식 또한 현재의 기준에서 볼 때, 어색한 부분이 많습니다.

앞서도 얘기했지만, 양성평등을 주장하는 여성들에게 무조건 불편함을 느끼며, 페미니즘에 대해 노골적인 거부감을 드러내는 남성들이 젊은층을 중심으로 점점 많아지고 있습니다. 이것이 때로는

....
12. 생물학적인 성에 대비되는 사회적인 성을 이르는 말. 1995년 9월 5일 북경 제4차 여성 대회 정부 기구 회의에서 섹스(sex) 대신 사용하기로 결정했다. 섹스가 남녀 차별적인 의미를 지닌 것인 반면 젠더는 남녀 간의 대등한 관계를 내포하며, 평등에 있어서도 모든 사회적인 동등함을 실현시켜야 한다는 의미가 함축되어 있다.

심각한 젠더 갈등으로 이어지기도 합니다. 이들은 보통 여성들이 일관성 없이 말로만 양성평등을 주장한다며 불만을 제기합니다. 즉 여성들은 항상 양성평등을 내세우며 자신의 권리를 주장하다가 자신들이 불리해지면 돌연 여성성을 내세워 약한 척을 하고 대접받으려 한다는 것이 남성들의 불만입니다. 특히 젊은 남성들은 여성들에 대한 편견은 없애라고 강요받는 반면에, 남성들에 대한 편견은 그대로인 것도 문제를 삼습니다. 여성들 스스로는 '남자는 강해야 한다', '남자는 능력 있어야 한다' 등 편견을 버리지 못하면서도 여성들에 대한 남성들의 편견만 문제 삼는다는 비판이죠.

이렇듯 성역할 고정관념은 남성과 여성 모두에게 차별이자 족쇄로 작용할 수 있습니다. 그래서 최근 성인지 감수성에 대한 사회적 요구가 높아지고 있습니다. 즉 성별 간 알게 모르게 이루어지는 불균형 상황에 대해 이해하고 관련 지식을 갖춰야 한다는 거죠. 이를 바탕으로 일상생활에서 무심코 벌어지는 성차별적 요소를 당연하게 받아들이지 말고, 민감하게 감지해내는 능력이 필요하다는 것입니다. 여기에는 남성이든 여성이든 예외가 없습니다.

다만 앞에서 말한 것처럼 역사적으로 여성은 너무나 오랜 시간 사회의 비주류로 인식되어왔으며, 이러한 인식이 여성의 심리 사회적 발달에 매우 부정적으로 작용해 왔음을 부정하기는 어려워 보입니다. 그동안 우리 사회에서 여성의 성역할에 대한 왜곡이 훨씬 더 오랫동안 심각하게 이루어졌음을 인정한다면, 오늘날의 어긋나버린 성역할에 대한 편견을 바로잡는 과정에서 생기는 갈등을 조금은

#양성평등을_실현하기_위해_#우리 모두에게_#꼭 필요한_#성인지 감수성

해소할 수 있지 않을까 하는 생각이 듭니다. 사실 갈등은 불가피한 것입니다. 중요한 것은 어떻게 이 갈등을 해결하느냐 하는 것이죠.

인지심리학자 앤더슨(John R. Anderson, 1983)에 의하면 사람들은 한 번 어떤 신념이 형성되면 그 신념의 근거 자료가 허위로 조작된 것임을 알게 될지라도 자신의 신념을 그대로 유지하려고 하는 경향을 보인다고 합니다. 사람들은 일상생활에서 올바른 판단을 하기 위해서 의식적인 노력을 기울이기보다 자신이 기존에 상식이라고 알고 있던 것들에 의존하여 판단하기 때문이죠. 그렇기 때문에 한 번 형성된 고정관념을 바꾸기란 더더욱 어려운 법입니다. 그렇다고 불가능한 것도 아닙니다. 고정관념에 상반되는 정보가 계속해서 쌓이고 또 쌓이다 보면 결국 고정관념에도 변화가 일어날 수밖에 없으니까요. 다만 하루아침에 일어나는 변화는 아닙니다. 변화되는 과정에서 끊임없이 마찰이 생기고 때로는 심각한 갈등으로 이어지기도 하겠지만, 사회 변화와 함께 성역할 또한 계속 달라지고 있으므로 성역할에 대한 의식도 그에 맞게 바뀌어야만 합니다. 이러한 사실을 인정하고, 그동안 고정관념으로 형성되어 왔던 전통적인 성역할에 대한 인식 변화를 위해 노력해야 할 것입니다. "남자는 이래야 해." 혹은 "여자는 저래야 해."라고 말하는 선생님들을 꼰대라고 비난하면서도 정작 여러분 스스로 그런 생각에 얽매여 있지는 않은지 한 번쯤 돌아보면 좋겠습니다.

수저계급론

돈도 실력이야,
네 부모를 원망해!

벌써 수년 전 일입니다. 온 세상을
떠들썩하게 한 국정농단에 연루된 최모 씨의 딸이 SNS에 올린 글이
사회적 공분을 샀습니다. 권력 안에서 온갖 혜택을 누리며 살아온
젊은 여성이 "돈도 실력이니 억울하면 네 부모를 원망하라!"는 취
지로 올린 글은 국정농단 이상으로 수많은 젊은이와 청소년, 나아
가 자녀를 둔 부모들에게 엄청난 분노와 상대적 박탈감을 일으켰습
니다. 온갖 종류의 특혜 속에서 살다 보면 자신이 누리는 것에 대해
짐짓 당연하게 여기게 되고, 심지어 그러한 특혜에 문제가 있다는
사실조차 인지하지 못하게 됩니다. 즉 감수성이 떨어지는 거죠. 우
리 사회에서 심각하게 훼손되어버린 공정의 가치, 태어난 순간부터
서로 다른 출발선상에서 경쟁을 시작해야 하는 구조인 기울어진 운
동장에 대해 사람들은 분노합니다.

____ 느그 아버지 뭐하시노?

〈친구〉라는 영화가 있습니다. 2001년 개봉하여 그 해 박스오피스 1위를 기록했죠. 좀 오래된 영화이긴 하지만, 청소년 관람불가 등급이라서 어쩌면 아직도 접하지 못했을 수도 있겠군요. 하지만 영화를 관람하지 않은 사람들 사이에서도 "니가 가라, 하와이.", "마이 무우따 아이가." 등의 영화 속 대사들은 오랜 시간이 흐른 지금까지도 사람들의 입에 오르내릴 만큼 엄청난 인기를 끌었습니다. 영화 속에는 이런 대화도 등장합니다.

> "느그(너희) 아부지 뭐하시노?"
>
> "근달(건달)임니더."

영화 속에서 주인공 준석(유오성 역)이 선생님의 거듭된 질문에도 계속 '근달(건달)'이라고 대답하자 선생님은 급기야 준석이 자신을 놀리고 있다는 생각에 분노하여 아예 손목시계까지 풀어놓고 준석의 뺨을 사정없이 내리칩니다. 요즘 같으면 사정없이 따귀를 때리는 체벌도, 뜬금없이 아버지 직업을 묻는 것도 모두 '고소각'[13]입니다. 하지만 영화의 배경이 된 그 시절만 해도 뭔가 혼날 일이 있어 선생님께 불려 나가면 으레 "너네 아버지 뭐하시니?" 하고 묻는 선

....
13. 접미사처럼 단어 끝에 '-각'을 붙여 뭔가에 강력한 확신 또는 강조의 의미를 전달하는 유행어

생님들이 종종 있었습니다. 내가 숙제를 안 해왔거나, 야간 자습을 빼먹은 것이 대체 우리 아버지의 직업과 무슨 관계가 있는지 도무지 모르겠지만 말입니다.

요즘에는 이런 말들이 인권침해의 소지가 있다고 하여, 아예 학생 기초자료 조사에서도 부모의 직업란이 빠지는 추세입니다. 그런데 정작 학생상담카드에서조차 빠진 이 말이 최근 다시 온라인을 중심으로 떠도는 영상 속에 재소환되어 유행하고 있다고 합니다. 배우가 워낙 연기를 잘해서 그 대사가 입에 착 달라붙는 탓도 있지만, 요즘 청소년들이 보기에는 신기하고 인상적인 장면이기 때문일 것 같습니다. 그러다 보니, 청소년들 사이에서는 이 말이 하나의 '밈[14]'이 되어 각종 패러디가 경쟁적으로 쏟아지고 있습니다. 소위 '느그 아버지 뭐하시노?' 드립[15]입니다.

"느그 아부지 뭐하시노?"

"건담입니더."

"그럼 느그 아부지는 뭐하시노?"

"콘*싱 만들어요."

....
14. 특정한 장면이나 대사를 가지고 패러디를 만들어 노는 것을 '밈'이라고 한다. 밈(Meme)이라는 단어는 원래 리처드 도킨스의 《이기적 유전자》에서 나온 말인데, 한 사람이나 집단에게서 다른 지성으로 생각 혹은 믿음이 전달될 때 전달되는 모방 가능한 사회적 단위를 총칭하는 말이다. '모방가능한 사회적 단위'라는 의미에 착안하여 요즘 세대들이 어떤 장면이나 대사를 가지고 패러디물을 만들어내는 것을 '밈'이라고 하게 되었다.
15. 각종 언어유희나 말장난의 형태로 동음이의어나 각운 등을 이용하여 재미있게 꾸미는 말의 표현 등을 의미하는 인터넷 용어. '애드리브(ad lib)'의 준말이다.

이처럼 새삼 온라인에서 다채롭게 재생산되며 널리 확산되고 있죠. 하지만 이런 패러디 놀이가 주는 재미에 빠져 깔깔대며 즐기는 사이에 '아버지의 직업'에 따른 서열화가 무심코 일어나고 있는 것은 아닌지 한 번쯤 생각해볼 필요가 있습니다.

 뉴트로에 빠진 MZ세대

뉴트로(New+Retro)에 열광하는 MZ세대들로 인해 잊혔던 옛날 가수가 재소환을 당하기도 하고, 과거의 다양한 문화 콘텐츠들이 재조명받고 있으며, 이와 관련된 다양한 패러디물이 쏟아지고 있다. 가수 비의 '깡'이라는 노래가 수년 후 새삼 유행하게 된 것도 '밈'의 한 예이다. 요즘 세대에게 과거의 콘텐츠가 인기 있는 이유는 오늘날과는 다른 '문화적 차이' 그 자체에서 재미를 찾기 때문인 듯하다. 기성세대가 향수 때문에 과거의 콘텐츠를 즐기고 레트로 감성을 노래하는 것과는 조금 다른 차원이다. 그런데 한 가지 짚고 넘어가고 싶은 부분이 있다. 그건 그저 재미로 과거에 유행했던 문화콘텐츠를 보다 보면 과거에는 아무렇지 않았던 것들이 오늘날의 시선으로 보면 문제가 될 만한 경우가 종종 있다는 점이다. 이는 사람들의 가치관이나 사회적 분위기가 변하였기 때문이다. 변화된 시대상을 고려하지 않고 과거 콘텐츠를 그대로 받아들이는 것은 청소년들의 가치관 형성에 다소 부정적 영향을 줄 수 있지 않을까 하는 우려가 든다. 따라서 변화된 시대상에 대한 이해를 전제로 과거를 향유하는 비판적 사고가 필요하다.

_____ 젊은 층을 울리는 수저계급론

아무 의미 없이 그저 재미로 한 말이라도 자신도 모르는 사이에 의식에 변화를 일으킬 수 있습니다. 반복하다 보니 말이 은연중에 입에 배고, 입에 밴 말은 또 어느새 무의식을 타고 들어가 의식을 물들이게 됩니다. 이로 인해 불필요한 선입견이 생기지 않을까 하는 걱정이 듭니다. 처음에는 농담처럼 하던 말이지만, 꼰대들이나 할 것 같은 이 말, "느그 아버지 뭐 하시노?"를 재미있다는 이유로 자기도 모르게 하고 있는 청소년들이 많아지고 있는 것 같다면 괜한 걱정일까요? 농담을 넘어서 아버지의 직업으로 친구들을 줄세우기 하거나 서열화하는 경우는 정말 없을까요? 이 역시 괜한 염려인가요?

노력이나 재능만으로 도저히 극복할 수 없는 사안들을 두고, 이를 다른 사람과 비교하는 말은 잔인합니다. 애초에 좋은 조건을 타고나지 않은 사람들을 한없이 절망하게 만드니까요. 재미로 한 말이지만 누군가는 마음속 깊이 상처받을 수 있습니다.

> "돈도 실력이야, 능력 없으면 니네 부모를 원망해."

다시 앞에서 했던 이야기로 돌아와 볼까요? 돈도 실력이라는 이 황당하고 당돌한 발언뿐만 아니라 잊을 만하면 한 번씩 들려오는 권력자들의 엄마 찬스, 아빠 찬스는 수많은 평범한 사람들을 맥빠지게 합니다. 그리고 자기의 능력이 아닌 부모의 능력에 당연하게 기대는 사람들을 볼 때마다 가슴 깊은 곳에서 치미는 울화를 참을 수가 없죠. 이런 사람들은 자기가 잘나서 금수저나 다이아몬드 수저로 태어난 것은 아닐 텐데 말입니다.

타고난 수저의 색깔로 신분을 가르는 이른바 수저계급론은 원래 '은수저를 물고 태어나다(born with a silver spoon in his mouth)'라는 영국 속담과 관계가 있다고 합니다. 은식기를 주로 사용하던 유럽의 귀족들은 아이가 태어나면 어머니의 젖을 직접 물리지 않고 유모가 은수저에 받아서 떠먹였다고 하는데, 여기서 유래된 말이라고 합니다. 그 어원이 무엇이든 은수저는 수백 년 동안 집안 배경이 좋은 사람을 표현하거나, 집안 배경을 믿고 함부로 행동하는 사람을 비난하는 말로 사용되어왔습니다. 최근에는 세계적인 경기 침체로 인해 양극화가 심화되면서, 소셜미디어를 통해 공개되는 부유층 자녀들의 부적절한 행위들을 비난하는 말로도 쓰이고 있죠. 이런 수저론을 필두로 하여, 이제 우리 사회가 '부의 양극화'가 가져온 신계급주의 사회로 접어들었음을 누구도 부인하지 않습니다.

2020년 한국 영화 최초로 아카데미 시상식에서 '작품상'을 수상한 영화 〈기생충〉을 알고 있을 것입니다. 이 영화에서 주목한 것이 바로 신계급주의 사회입니다. 신계급주의의 양극단에 있는 두 가족의 이야기를 통해서 한국 사회의 양극화 문제를 여실히 보여줌으로써 전 세계의 공감을 이끌어냈죠. 이 영화의 메시지에 대해 전 세계가 공감할 수 있었던 이유는 '신계급주의'의 팽배로 인한 양극화 문제가 비단 한국사회만의 문제는 아니기 때문일 것입니다.

____ 엘사, 빌거지, 월거지를 아시나요?

언젠가 "딸이 학교에서 엘사로 불린다는 이야기를 듣고 통곡했다."
는 내용의 기사를 본 적이 있습니다. 처음 이 기사를 접했을 때는
당황했죠. '엘사'는 애니메이션 '겨울왕국'의 주인공이자, 수많은 여
자아이들의 선망의 대상이기도 한데, 통곡이 웬 말인가 생각했던
거죠. 무슨 이야기일까 궁금해서 찬찬히 읽어보았더니, 초등학생들
사이에서 LH(한국토지주택공사)에서 지은 아파트에 사는 사람들을
'엘사'라고 부른다는 내용이었습니다. LH에서 지원하는 아파트 중
에 공공임대주택이 있다 보니 그렇게 부르는 모양입니다. 또 LH에
서 짓는 아파트의 브랜드 중에 '휴○○○'가 있는데 이 때문에, '휴
거(혹은 휴거지)'라는 말까지 떠돈다고 합니다. 민간분양 아파트에
비해 입지나 주거환경이 나쁘지 않은데도 불구하고 이런 식의 인식
이 팽배해 있는 현실이 안타깝습니다.

처음에 '휴거'라는 말을 들었을 때, 2000년 밀레니엄을 앞두고
1990년대 초반에 유행했던 '휴거'라는 말이 먼저 떠올랐습니다. 기
독교에서 "예수가 세상을 심판하기 위하여 재림할 때 구원받는 사
람을 공중으로 들어올리는 것"을 휴거라고 하는데요, '휴거'라는 말
을 들었을 때 어떤 의미로 생각하느냐에 따라서 세대 구분도 가능
할 것 같습니다. '휴거'를 종교적 의미의 종말론과 관련지어 생각하
면 완전 밀레니엄 이전 세대, 거주지와 관련하여 생각하면 밀레니
엄 이후 세대라고 구분될 수 있다니 뭔가 '웃픈' 현실입니다.

부동산, 주식, 암호화폐 등의 시장이 출렁이면서 투기성 투자로 벼락부자가 된 사람들이 생겨나면서 가만히 앉아 있다가 상대적으로 빈곤해진 사람들이 스스로를 가리켜 '벼락거지'가 되었다며 자조적으로 한탄한다고 합니다. 이런 상황에서 특히 '부동산 관련' 이슈는 학생들 사이에서 부모님의 경제력을 부각시키는 소재가 되고 있죠. 앞서 말한 '엘사'나 '휴거지'에 이어서 빌라에 사는 사람을 '빌거지'라고 하고, 주택의 소유 형태에 따라 '월거지(월세거지 ', '전거지(전세거지)'라는 말도 쓴다고 합니다. 특히 초등학생들 사이에서 이렇게 부모님의 경제력을 가지고 친구들을 서로 편가르기 하거나 비하하는 말들이 더 유행하고 있다고 하니 씁쓸함이 배가됩니다. 어쩌면 이런 언급을 하는 것 자체가, 대상이 되는 친구들에게는 또 다른 마음의 상처가 될지 모른다는 생각에 말을 꺼내는 것조차 조심스러워 망설여졌습니다. 하지만 불편한 마음 때문에 잘못된 현상까지 못 본 척 회피할 순 없다고 생각합니다.

사회적·경제적 수준이 다른 주민들이 함께 어울려 살게 함으로써 주거 격차로 인해 사회계층 간의 격차 심화를 막기 위한 정책을 가리켜 '소셜 믹스(social mix)'라고 합니다. 이러한 정책의 일환으로 공공택지지구 개발이나 재건축, 재개발 시 일정 비율을 임대주택으로 지어서 아파트 단지 내에 일반 분양 아파트와 공공 임대 아파트를 함께 조성하도록 하는 거죠. 그런데 일부 주민들이 임대 아파트 쪽 아이들이 자기네 쪽으로 넘어와서 놀면 부동산 가격이 떨어진다며 울타리를 쳐달라고 했다는 어처구니없는 뉴스를 본 적이 있습니다. 이런 말을 하는 부모님들을 곁에서 보면서 성장한 자녀들 또한 경제적으로 어려운 친구에게 아무렇지 않게 혐오와 비하의 말들을 하게 되는 것은 아닐까요? 그러면서 어느새 의식 속에는 가난에 대한 혐오와 차별이 자리를 잡게 되겠죠.

문화평론가 허지웅씨는 이런 사회적 현상에 대해, "이런 말을 하는 사람들이 딱히 미치거나 나쁜 사람이 아니라, 그저 아파트 한 채가 전 재산인 보통 사람들이라는 점이 진짜 무서운 점"이라고 지적하기도 했습니다. 오직 돈으로 사람을 구분하고 서열을 매기는 것이야말로 천박한 자본주의의 단면입니다.

___ 가난한 이들을 혐오의 대상으로 몰아넣다

아이들 사이에서 형성된 이 부동산 계급에 대한 의식은 단순히 놀림의 수단을 넘어서 빈부격차에 따른 계급 문화와 혐오 문화 형성에까지 영향을 줄 수 있다는 점에서 우려스럽습니다. 가난에 대한 혐오를 희화한 말들이 장난처럼 포장되어 마구 쓰이는 것은 우리 사회의 분열을 키우는 갈등의 씨앗이자 누군가의 마음에 깊은 상처를 입히는 치명적 무기가 됩니다.

노동운동가 손낙구 씨는 2008년 발간한 《부동산 계급사회》라는 책에서 부동산을 기준으로 국민을 6개의 계급으로 나누었습니다. 제1계급은 다주택자, 제2계급은 1주택자, 제3계급은 자기 집을 세

주고 다른 사람 집에서 셋방살이를 하는 1주택자, 제4계급은 자가는 없지만, 잠재적으로 내 집 마련 가능성이 있는 사람, 제5계급은 현실적으로 내 집 마련이 어려워 셋방살이를 거듭하는 사람, 제6계급은 셋방살이마저도 어려운 사람을 일컫는다고 합니다. 과거에는 제1계급까지는 바라지 않더라도 성실하게 직장생활을 하고 차근차근 저축하면 언젠가는 제2계급이나 제3계급 정도는 될 수 있다는 희망을 안고 살았습니다. 그러나 최근에는 부동산가격 폭등으로 인해, 영혼까지 끌어모아서 집을 산다는 소위 '영끌' 투자까지 해보아도 제2, 제3계급이 되기 어렵다는 자조의 목소리가 높아지고 있죠. 이런 답답한 상황에서 심지어 거주지에 대한 차별의 말들까지 지속적으로 들어야 한다면 기분이 어떨까요? 심지어 학교에서도 이런 차별의 말들이 장난이라는 허울을 쓰고 너 나 할 것 없이 일상적으로 사용된다면 분명 어떤 친구는 정서적으로 크게 위축되고 마음에 깊은 상처를 받을 수밖에 없을 것입니다. 한편 자신의 자녀가 학교에서 친구들에게 이런 상처를 받고, 주눅 든 학교생활을 이어가는 모습을 지켜보는 부모님의 마음은 또 어떨까요?

이 밖에도 부모의 경제력에 따라, 월급 액수에 따라 벌레 '충'을 합성해 이백충, 삼백충이라는 말까지도 유행하고 있습니다. '충'을 붙이지 않으려면 최소 '오백'은 되어야 한다고 하니, 대체 누구의 경제관념에 따라 이름을 붙인 것인지 모르겠습니다. 일본 애니메이션 제목이기도 한 〈기생수〉는 기초생활수급자를 의미하는 은어라고 하죠. 또 요즘은 어린이들도 스마트폰을 가지고 있다 보니, 학생들 사이에서 스마트폰의 기종이 무엇인지에 대해서도 관심사가 되곤 하는데, 특정 기종 이하의 제품을 쓰는 친구들을 '폰거지'라고 부른다고 합니다. 경제적인 사정 때문에 갖고 싶어도 고가폰은 엄두도 못 내는 형편이라면 폰거지라는 말이 좀 더 가슴 아프게 다가오지 않을까요? 그 밖에도 또래 사이에서 비교적 고가의 물건들이 유행할 때마다 소외되지 않기 위해 부모님을 조르는 청소년이 많습니다. 그래서 부모들 사이에서는 이런 고가의 유행 품목들을 가리켜 '등골브레이커'[16]라고 부르며 한숨을 내쉽니다.

부의 불평등이 심화되는 가운데, 경제적 능력을 폄하하는 온갖 종류의 유행어들이 양산되고 전파되는 점은 참으로 유감스러운 일입니다. 그리고 이러한 차별적 언어생활은 점점 더 어린 연령대로 확산되고 있습니다. 어릴 때부터 특정 잣대를 기준삼아 무심코 편 가르기를 하거나 상대에 대한 폄하, 차별, 낙인찍기 등에 익숙해지는 현상이 참으로 안타깝습니다.

----

16. 너무 비싸서 사주려면 부모의 등골이 휘다 못해 부서진다고 해서 생겨난 말

미모가
후덜덜한데?

SNS에는 남녀를 불문하고 예쁘
고 잘생기고 심지어 몸매까지 완벽한 사람들이 넘쳐납니다. 얼핏
보기에는 무심히 또는 우연히 찍힌 사진처럼 보이지만, 가만히 들
여다보면 자신의 얼굴이나 몸매를 가장 잘 과시할 수 있도록 의도
적으로 포즈를 취한, 소위 설정 사진들이 넘쳐나죠. 그리고 그런 사
진들 밑에는 약속이나 한 듯 이런 댓글이 줄을 잇습니다.

세젤예, 존예~

와씨 존잘이네~ 옆에 서면 오징어될 듯

예쁜애 옆에 또 예쁜애~

와~ 다리만 대충 이메다~

ㅋㅋ 존잘한테 양민학살당함 ㅋㅋ내가 졌네~

SNS 파도타기를 하다 보면 이런 댓글들을 서로 주고받는 모습을 흔히 볼 수 있습니다. 나아가 얼짱 몸짱 일반인들은 셀럽으로 인기를 얻으며 연예인 못지않은 팬덤(fandom)까지 구축하여 막강한 영향력을 발휘하기도 합니다.

___ 학교로 온 외모지상주의

외모에 대한 뜨거운 관심과 함께 성형수술이나 시술에 의존하려는 사람도 크게 늘고 있습니다. 게다가 요즘은 여성뿐만 아니라, 상당수의 남성들도 성형수술이나 시술을 받거나 주기적으로 피부과를 찾아 꾸준히 관리받는 비율도 꽤 높아졌다고 합니다. 남성용 화장품의 매출 또한 매년 점점 더 늘어가고 있다고 하죠. 남녀를 불문하고 외모가 곧 경쟁력이라는 인식이 만연하기 때문인데요. 오죽하면 페이스(face, 얼굴)가 곧 스펙(spec)이라는 뜻의 '페이스펙'이라는 신조어까지 생겼을까요.

수업 시간에 학생들에게 토론 주제를 정해 오라고 하면, 자주 등장하는 주제가 바로 '학생의 화장' 문제입니다. 학생 화장을 옹호하는 아이들은 외모지상주의가 판치는 세상에서 조금이라도 예뻐 보이고 싶은 것은 인간의 본능이며, 나아가 개인의 개성을 드러내는 것일 뿐이라고 주장합니다. 다른 한편에서는 외모지상주의로 인한 다양한 사회문제나, 공부할 시간을 빼앗긴다는 것 등을 근거로 내

#외모도_#경쟁력?_#외모지상주의_#페이스펙

세우며 반대하죠. 대부분은 열띤 토론 끝에 화장 찬성 측의 승리로 끝날 때가 많지만 말입니다.

> "야, 얼른 화장이나 해, 화장 안 한 면상은 저리 치워."

조회가 끝나고 1교시 시작 전이면 교실에서 이런 말들이 종종 들려옵니다. 쉬는 시간은 물론이고 심지어 수업 시간에도 몰래 거울을 들여다보며 화장을 하는 학생들이 있습니다. 매일 화장한 얼굴로 등교하던 여학생이 어느 날 화장을 하지 않고 학교에 오면, 친구들이 오히려 면박을 주며 얼른 화장을 하라고 성화입니다. 화장 안 한 생얼을 민망해서 봐주기 어려우니 얼른 화장을 하라는 것이지요. 친구들 사이에서도, SNS에도 온통 얼평, 몸평 등 외모에 대한 적나라한 품평이 넘쳐나다 보니, 외모에 대해 신경을 쓰지 않을 수가 없을 것입니다. 때론 단지 신경 쓰는 것을 넘어 대인관계 위축이나 자존감 저하 등으로도 나타납니다.

___ 인간의 마음을 움직이는 매력적인 외모의 힘

미국 텍사스 오스틴 대학에서 외모에 대한 학생들의 인식을 조사하는 실험을 한 적이 있습니다. 학생들에게 79명의 사진을 보여주고, 매력적인 사람과 매력적이지 않은 사람을 고르라고 하는 실험이었지요. 이 79명은 캐나다의 국회의원 후보였는데, 당연히 미국 학생들은 잘 모르는 사람들이었습니다. 이들 중 학생들이 매력적이라고 선택한 대상 16명 중 절반에 가까운 7명이 실제 당선자였으며, 반대로 매력적이지 않다고 고른 15명 중에서 당선자는 단 1명에 불과했다고 합니다. 이 실험을 통해 후보의 외모가 유권자의 선택에 상당한 영향을 끼쳤음을 알 수 있습니다.

아름다운 외모에 대해 더 호감을 느끼는 것은 인간의 본성이며, 인간의 본성에 대해 비판을 제기하는 것은 문제가 있다고 주장하는 사람도 있습니다. 그러나 인간의 본성이라고 해서 무조건 정당화할 수는 없는 일입니다. 인간의 본성이라는 이유로 외모에 따른 차별을 인정한다면, 인간의 본능이나 본성으로 야기된 세상의 모든 차별을 정당화해야 하는 문제가 생기기 때문입니다. 예컨대 폭력, 살인, 절도 등의 범죄를 인간 본성에 의한 것이라며 옹호할 수는 없는 이치와 같습니다.

또한 외모를 아름답다고 느끼는 절대적 기준은 존재하지 않습니다. 아주 옛날에는 다산의 상징으로 보이는 풍만한 여인이 아름다운 여인이었고, 한때 우리나라에서는 적당히 통통한 살집은 부의 상징이 되기도 했죠. 그래서 1970년대 영화를 보면 부잣집 아이들은 적당히 통통한 체격을 가지고 있습니다. 하지만 요즘에는 오히려 생활수준이 낮을수록 과체중 비율이 더 높다고 합니다. 경제적, 시간적으로 여유가 있을수록 몸매 가꾸기에 더욱 신경쓰기 때문이겠지요. 이처럼 아름다움이란 절대적인 기준이 있는 것이 아니라 시대의 필요에 따라 만들어진 것일 뿐입니다. 물론 누구나 인정할 만한 뛰어난 외모의 소유자들도 있기는 하지만, '내 눈'에 유독 더 예뻐 보이는 사람은 저마다 다르게 나타납니다. 그만큼 '아름다움' 이란 주관적인 판단에 의해 좌우되는 경우가 많다는 뜻입니다. 그럼에도 불구하고 외모지상주의는 나날이 과열되는 양상입니다. 몇 가지 흠결 정도는 가볍게 '발라버릴' 만큼 외모는 강력한 무기가 되고 있습니다. 심지어 학교에서도 얼짱들은 다른 친구들에게 흠모의 대상이 됩니다.

"야, 3반 걔 성질 장난 아니라며?"

"걔 예쁘니까 괜찮아……."

외모지상주의의 심각한 점은 외모 그 자체가 일종의 권력이 된다는 점입니다. 만약 외모와 전혀 관계없는 한 개인의 능력조차도 외모에 가려져 정당하게 인정받지 못한다거나 아예 능력을 발휘할 기회마저 주어지지 않는다면 어떨까요? 타고난 외모 때문에 놀림을 받고 모욕을 당하는 것은 실로 억울한 일입니다. 자신의 외모를 골라서 태어날 수 있는 사람은 아무도 없으니까요. 심지어 외모 때문에 취업 등 생존권에 위협을 받는 경우도 있다고 합니다. 사실 이는 대단히 심각한 문제가 아닐 수 없습니다. 외모로 인한 차별을 당하지 않기 위해 성형시술이나 피부과 시술에 열을 올리는 사람들이 크게 증가한 것 또한 외모지상주의의 씁쓸한 단면입니다.

___ 외모의 후광에 가려 본질을 왜곡할 때

혹시 외모만을 중시하여 사람의 본질을 보지 못하는 것을 두고 심리학 용어로 뭐라고 하는지 들어보았나요? 좀 낯선 말일지 모르지만, '워런 하딩의 오류(Warren Harding Error)'라고 합니다.

미국의 29번째(34대) 대통령인 워런 G. 하딩(Warren Gamaliel Harding, 1865~1923) 때문에 생겨난 말이죠. 그는 훤칠한 키에, 잘생긴 얼굴, 멋있는 목소리의 소유자였습니다. 소위 전형적 미남의 요소를 두루 갖춘 사람이었죠. 앞서 미국 대학생들을 대상으로 매력적으로 보이는 인물의 사진을 골라내는 실험을 소개하기도 했는데, 실제로 하딩의 경우도 정치 인생에서 자신의 멋진 외모 덕을 톡톡히 보았습니다. 외모는 그에게 매우 중요한 정치적 자산이 되었습니다. 급기야 대통령 후보가 되었고, 잘생겼다는 이유로 일부 계층에서 몰표를 받아 대통령 당선에 성공했으니까요.

그런데 정작 당선 후 그는 이렇다 할 정치적 능력을 보여주지 못했습니다. 그뿐만 아니라, 죽고 난 뒤에는 불륜과 같은 도덕성 문제, 정치적 무능함까지 적나라하게 까발려지면서, 하딩은 미국에서 늘 역대 최악의 대통령 중 한 명으로 꼽히고 있다고 합니다. 그 결과 외모만으로 사람을 판단하여 생기는 문제를 가리켜 '워런 하딩의 오류'라고 불리는 불명예마저 안게 된 거죠.

실제로 한 방송사에서 사람들이 외모에 얼마나 쉽게 현혹되는지 알아보기 위해 상대에 대한 평가가 외모에 따라 어떻게 좌우되는지를 실험한 적이 있습니다. 동일한 사람이 옷차림만 다르게 하고 여성들의 평가를 받는 실험이었죠. 결과는 참담했습니다. 실험에 참여한 여성들 대부분 그 사람의 옷차림만 가지고 동일한 사람을 전혀 다르게 평가한 것입니다. 즉 허름한 옷을 입었을 때는 그 사람에게 거의 관심을 갖지 않았던 여성들이 말끔한 양복을 입고 나타난 그에게는 엄청난 관심을 보였습니다. 두 사람이 같은 사람이라는 것은 전혀 알아채지 못했죠.

예능 프로그램을 보면 출연자들끼리 아무렇지도 않게 상대의 외모에 대해 평가를 하고, 외모에 대한 면박을 주는 것으로 웃음 포인트를 삼으려는 경우가 많습니다. 그걸 본 시청자들은 아무 생각없이 웃고 넘어가면서 은연중에 매스미디어에서 주입하는 미의 기준에 익숙해져 버립니다. 그리고 학교에서는 친구들끼리 또 아무렇지 않게 외모에 대해 품평을 하고, 장난스럽게 외모에 대한 면박을 주기도 합니다.

가뜩이나 정서적으로 예민한 청소년 시기에 어떤 형태로든 외모에 대한 마구잡이식 비교와 평가의 말은 마음에 큰 생채기를 남길 수 있습니다. 겉으로 자신의 외모에 대해 '셀프디스'를 하면서 같이 웃어넘기며 아무렇지 않은 척, 대범한 척하는 친구도 있습니다. 하지만 이런 친구들도 맘속으로는 큰 상처를 입기도 합니다. 누군가 그랬습니다. 시간이 흐르면 상처는 아물겠지만, 흉터로 남는다고. 그리고 아무리 시간이 흘러도 그 흉터가 불쑥불쑥 가슴을 아프게 후벼판다고 말입니다.

외모지상주의의 원인

첫째, 진화심리학적으로 볼 때, 원시시대 인간의 습성이 그대로 남아 있다고 보는 관점이다. 남자는 재생산 본능을 가지고 있기 때문에, 임신과 양육의 안전을 위해 얼굴과 몸매가 예쁜 여자를 탐하는 경향이 남아 있다는 것이다. 여성 역시 원시시대 우두머리 남성을 좋아하던 잔재가 남아서 자산과, 물건, 사냥에 적합한 신체를 가진 남성을 탐하는 경향이 있다고 본다. 시대의 변화에 따라 그 성격과 취향이 변하기는 하였지만, 근본적인 부분에서는 변함이 없는 것 같다.

둘째, 외모는 그 사람의 외면적·내면적인 정보를 투영하고 있으며, 우리의 뇌는 그것을 본능적으로 알고 있다고 보는 관점이다. 그 사람의 외모를 통해 그 사람의 성격이나 성향 등을 짐작할 수 있다고 보는 것이다. 실제로 많은 사람들이 상대방의 외모만 보고 그 사람의 성격을 지레짐작하는 경우가 많다.

셋째, 도시화와 개인주의 때문에 외모지상주의가 만연하게 되었다는 관점이다. 공동체가 무너지고 이웃과의 교류도 크게 줄어든 현대사회에서는 구성원 간의 교류가 과거에 비해 오래 가지도 않고, 매우 얕아졌다. 그러다 보니 상대의 내면에 관심을 기울이기보다 즉각적으로 상대의 가치를 파악할 수 있는 요소인 외모에 집중하게 되었다는 주장이다. 실제로 외모지상주의는 도시일수록 더 두드러진다고 한다. 또한 서비스업의 비중과 인력 수요가 증가하면서, 소비자에게 즉각적인 신뢰감을 줄 만한 외모를 지닌 구직자를 높게 평가하게 된 것도 여러 이유 중 하나다.

넷째, 영상 매체의 보급으로 외모가 더욱 중요해졌다는 관점이다. TV나 영화 속 주인공은 하나같이 잘생기고 예쁘다. 외모만으로 하루아침에 스타가 되는 일이 비일비재하고, 외모에 대한 칭찬과 찬양이 줄을 잇는다. 심지어 이러한 매체들로 인해 외모의 획일화된 기준이 대중에게 무심코 강요되기도 한다.

※자료: 나무위키 참조

다문화차별

쟤, 다문화라며?
어쩐지…

07

2018년 인천의 한 아파트 옥상에서 중학생이 추락하여 사망한 사건이 벌어졌습니다. 초등학교 동창생인 친구 4명의 집요한 괴롭힘과 폭력에서 벗어나려 도망가다 벌어진 비극적인 사건이었죠. 이 사건은 우리 사회에 만연한 다양한 문제들에 대해 뜨거운 논쟁을 불러일으켰습니다. '집단괴롭힘' 문제는 물론이고, 10대들의 범죄가 사회적 이슈가 될 때마다 재론되는 '촉법소년'에 관한 법률 개정 필요성 논란도 다시 불거졌죠. 뭐니 뭐니 해도 이 사건이 세간의 관심을 크게 끌었던 이유는 피해자의 어머니가 '러시아인'인 다문화 가정의 자녀였다는 점이었습니다. 즉 우리 사회 전반에 다문화 가정에 대한 차별과 혐오의 시각이 얼마나 뿌리 깊게 자리하고, 또 만연해 있는지 다시금 확인시켜준 사건이기도 했습니다.

___ 우리 사회의 다문화 감수성은 얼마나 될까?

사망한 중학생은 초등학교 때부터 '다문화 가정'의 자녀라는 이유로 친구들에게 지속적으로 끈질긴 괴롭힘을 당해왔다고 합니다. 이 사건은 한국 사회의 '다문화 감수성'을 심각하게 돌아보는 계기가 되었습니다. 최근 우리 사회의 인구 구성을 살펴보면 외국인 이주 노동자, 결혼 이민자의 증가 등으로 인해 외국인의 비율이 점점 더 높아지고 있습니다. 2018년의 조사자료에 의하면, 우리나라에 살고 있는 외국인은 이미 200만 명을 훌쩍 넘겼고, 이 숫자는 우리나라 전체 인구의 약 4%에 달한다고 합니다. 게다가 순수 외국인을 제외한 다문화 가정의 구성원도 이미 2%를 넘어서고 있습니다. 즉 인구 100명 중 2명이 다문화에 해당하는 셈입니다. 이처럼 '세계화'는 이미 하나의 큰 물결처럼 밀려와 우리나라의 인구 구성에도 많은 변화를 가져온 것입니다.

그러나 세계화의 흐름이 무색하게 우리 사회의 다문화 감수성은 전반적으로 떨어지는 편입니다. 외국인이나 다문화가정에 대한 편견과 차별의 시각 또한 여전합니다. 과거 우리 한국인은 전통적으로 '단일민족'이라는 고유한 정체성, 즉 우리는 모두 '단군'의 자손임을 내세우면서 우리 민족만의 단합된 힘을 보여주는 것에 대해 드높은 자부심을 느껴왔습니다. 역사적으로도 단일민족이라는 우리의 정체성은 수많은 국가적 위기 상황과 험난한 역경들을 극복하는 데 있어 중요한 힘의 원천이 되었습니다. 특히 일제강점기를 거치며 국권의 강탈과 분단의 역사 속에서 끈끈한 '민족적 결속'은 함께 힘을 모아 혹독한 시련을 이겨내는 원동력이 되었죠. 그리고 이것은 최근에 이르러 우리가 흔히 말하는 소위 **국뽕**[17]의 원천이 되기도 하였습니다.

그런데 우리가 생각하는 '단일민족'이란 결국 '혈통'을 기본으로 합니다. 이는 오랜 시간 우리 사회의 주류 이념적 배경을 차지했던 유교 사상의 영향도 적지 않을 것입니다. 유교에서는 '혈통'과 '장자 승계' 등이 강조되니까요. 하지만 오늘날에 이르러서는 때때로 지나치다 싶을 만큼 강한 민족적 결속이 오히려 다른 민족에 대한 배척과 차별로 이어지곤 하여 우려스럽습니다. 즉 마치 양날의 검처럼 단일민족이라는 자부심이 힘의 원천인 한편, 다양한 민족이 공존하며 살아가는 글로벌 시대에 사회분열을 일으키는 주요 원인이 되고 있는 셈이죠. 게다가 최근에는 우리 민족이 혈통적으로 볼 때, '단일민족'이 아니라는 연구 결과들이 속속 나오고 있으며, 하루빨리 '단일민족의 신화'에서 깨어나야 한다고 주장하는 사람도 많아지고 있습니다.

....
17. 국가와 히로뽕(필로폰,philopon)을 합성한 신조어. 국가에 대한 자부심, 무조건적 애국심 조장을 의미하는 말이다. 온라인에서는 흔히 한국에서 국위선양하는 일을 했을 때 국뽕 한 그릇을 달라고 표현하기도 한다. 외국인만 보면 '김연아', '싸이', '강남스타일', 'BTS' 등에 대해 질문하는 "Do you know~~" 시리즈와 같은 형태로 일종의 한국 고유의 토착 밈으로 자리잡았다. 한편으론 국가에 대한 자긍심이 과도한 것을 경계하는 취지에서 탄생했다는 견해도 있다. 국뽕에 대한 반감으로 애국적 요소를 무조건 평가절하하는 의미를 담은 '국까'라는 말도 생겨났다.

#글로벌시대에는_#단일민족부심보다 #다문화감수성이_#필요해요

___ 비하 의도가 없더라도
듣는 이에게는 상처가 되는 '구분 짓기'

'세계화'라는 돌이킬 수 없는 거대한 흐름 속에서, 이제 우리는 다양한 인종과 함께 살아갈 수밖에 없습니다. 그렇기 때문에 세계시민의 여러 자질 중에서 '다문화 감수성'은 더더욱 중요한 역량으로 강조되고 있죠. 다문화 감수성이란 서로 다른 문화를 가진 사람들이 하나의 공동체를 이루기 위해 타인들과 조화롭게 관계를 맺고 소통할 수 있는 태도, 더 나아가 구체적인 실천으로 나아갈 수 있는 용기와 다르지 않습니다.

바로 이 때문에, 세계시민으로서 다문화 감수성을 기르기 위해 국가 차원에서 다양한 다문화 정책을 펼치고 있고, 학교에서도 다문화 교육을 교육과정에 반영하도록 노력하고 있습니다. 이제 '다문화'라는 말은 우리 사회에서 가치 중립적으로 널리 쓰이고 있는 말입니다. 하지만 오히려 이로 인해, 학생들은 '다문화'라는 단어를 주저 없이 쓰면서도 '다문화'라는 단어가 대상 학생에게 상처를 줄 수 있다는 사실은 외면하거나 간과하는 것 같습니다.

"제 아들이 쓴 글을 읽은 적이 있습니다. '저는 한국에서 태어나 살면서 군대도 다녀왔습니다. 20년 넘게 한국인이라고 생각하고 있었는데 어느 순간 생겨난 '다문화'라는 말이 저를 다른 사람과 구분 짓게 만들었습니다.' 읽고 나서 조금 충격을 받았습니다. 아들은 다른 모든 한국 사

람이 그렇듯이 자신을 '그냥 한국인'이라고 생각하고 살았습니다. 그런
데 다문화라는 말이 생기면서 아들은 그냥 한국인이 아니라 '다문화인'
이 된 것입니다. 여러 이주자를 포용하자는 의미에서 생겨난 다문화라
는 단어가 오히려 이주자를 구분 짓기 해버린 것입니다."

이 말은 영화 〈완득이〉로 이름을 알리고, 대한민국 19대 국회에 입
성했던 이자스민 전 의원이 한 말입니다. '다문화'라는 말이 그 대상
이 되는 사람들에게 어떤 느낌으로 다가가는지를 잘 보여줍니다. 다
문화(multicutural)라는 말은 원래 하나의 국가나 민족은 하나의 문화
로 이뤄져 있다고 생각하던 다문화주의(monoculturalism)에 대비되
어 나온 말입니다. 그렇지만 친구들, 혹은 선생님이 아무런 생각 없
이, "야, 다문화!"라고 특정하여 부르는 순간, 그리고 뒤에서 쑥덕대
며, "쟤네 엄마 다문화래."라고 말하는 순간, '다문화'는 더 이상 가
치 중립적 단어가 아닙니다. 우리와 섞일 수 없는 이질적 집단임을
규정하는 차별의 언어가 되는 거죠. 다문화가 아닌 친구들을 두고 그
친구의 이름 대신 "야, 다문화!"라고 부르지 않는 것을 보면 알 수 있
습니다. 말이 구분 짓기의 수단이 된 거죠. 친구의 어떤 특성이 이름
대신 불린다는 것은, 이미 나와 다른 것을 전제로 '구분 짓기'를 하고
있다는 뜻입니다. 또한 그렇게 말하는 순간, '다문화'에 대한 은근한
비하와 깔보는 태도가 들어 있음을 부정할 수 없을 것입니다. 우리
는 같은 말이라고 해도 그 말이 쓰이는 맥락에 따라서 전혀 다른 의
미로 받아들여질 수 있다는 사실을 기억해야 합니다.

"다문화 교육'이라는 말은 늘 하잖아요? 그런데 친구한테 '다문화'라고
부르는 것은 뭐가 문제인가요?"

혹시 위와 같이 항변하고 싶다면, 진심 그 내면에 비하 의도가 없었
는지 한 번쯤 성찰해볼 필요가 있습니다. 비록 아무리 비하의 의도
는 없었다 하더라도, 그 말에 상대방이 상처를 받을 수 있다는 사실
에 대해서는 한 번쯤 돌아봐야 하지 않을까요?

___ 세계화의 큰 흐름과 역행하는 다문화 차별

다문화 가정을 포함해 우리나라에 뿌리를 내리고 우리와 함께 살아
가는 외국인에게 가하는 '차별'과 '혐오'도 문제입니다. 이러한 차별
과 혐오는 결국 전 세계 곳곳에 퍼져 있는 우리 민족에게 고스란히
돌아갈 수 있습니다. 특히 코로나19 팬데믹 이후 유럽과 미국 등에
서 아시아인에 대한 차별이 한층 심화되며 혐오범죄 또한 도를 넘
는 수준에 이르고 있습니다. 아시아인이라는 이유만으로 무자비한
폭행의 대상이 된 한인들의 뉴스를 접할 때마다 우리는 크게 분노
합니다. 하지만 분노만 할 것이 아니라 우리나라에서 자행되는 외
국인에 대한 혐오와 차별에 대해 먼저 돌아봐야 하지 않을까요? 그
어느 때보다 높은 다문화 감수성이 요구되는 때입니다.
　'다문화 감수성'의 바탕이 되는 것이 바로 문화다양성의 가치를 존

중하는 것입니다. 인류학자 아르준 압파두라이(Arjun Appadurai)는 "문화다양성이란 인간 사회의 차이가 제도와 관계의 일부라는 것을 인정하는 가치로서 개개인이 유일무이한 존재라는 사실과 인간이 다를 수 있다는 권리를 인정하고 존중하는 것"이라고 하였습니다.

다시 말해 서로의 차이를 인정하고 받아들이는 것을 넘어서서 의식적으로 그 가치를 실행하는 것입니다. 앞서 말한 성인지 감수성처럼 차별을 무심코 넘기는 것이 아니라 민감하게 알아채는 능력이 필요한 것입니다. 인간·문화·자연의 상호의존성을 인정하게 하고, 자신과 다른 특성과 경험을 존중하게 하며 차이들 간의 교류를 실현시켜 모든 사람이 서로 협력해 모든 형태의 차별에 맞서게 하는 것입니다. 그리고 서로의 차이를 안전하고 긍정적인 환경 속에서 탐구하게 하고, 차이를 단순하게 관용하기보다는 각자 속에 존재하는 풍요로움으로 찬양하게 하는 것입니다.[18]

현재 이루어지고 있는 다문화 교육은 다른 문화를 왜 존중해야 하는지 강조하기보다 단순히 다른 사회의 풍습, 문화를 배우는 것 등에만 초점이 맞춰져 있습니다. 예컨대 이주민에게 한복을 입히고 김치를 담게 하고, 한국어를 배우게 하는 것들로 채워지죠. 하지만 이런 수준의 교육으로 다른 문화를 존중하게 만들 수 없고, 문화 간의 통합에도 어려움이 있습니다. 게다가 이주민을 시혜를 베풀어야 하는 대상으로 간주하는 경향도 문제점으로 지적됩니다. 소수자에

....
18. 장한업, 《차별의 언어》, 아날로그, 2018, 208~209쪽 참조

게 배려와 시혜를 베푸는 것이 다문화 정책이라고 여기는 경향이 있는 것입니다. 그래서인지 '다문화'라는 말을 들었을 때 대개 떠오르는 이미지는 '빈곤', '부적응' 등과 같은 부정적인 단어들이 많습니다.

이러한 교육의 결과인지 몰라도 다문화교육을 본격적으로 받고 자란 20~30대에게서 오히려 '반다문화'적인 경향이 더 뚜렷하며, 지금 중·고등학교를 다니고 있는 청소년들 또한 비슷한 영향을 많이 받고 있다는 사실을 눈여겨볼 필요가 있습니다. 다른 문화를 존중하라고는 배웠으나, 정작 왜 그래야 하는지는 배우지 못했고, 우리 부모님이 낸 세금으로 이민자에게 시혜를 베풂으로써 우리 세대에게 돌아올 시혜가 줄어들지도 모른다는 위기의식까지 느끼며 다문화에 대한 부정적 이미지만 자꾸 키워가는 것은 아닌지 걱정스럽습니다. 이러한 부정적 이미지는 그들을 우리와 절대 섞일 수 없는 다른 존재로 끊임없이 구분 짓기하려는 시도로 나타나게 됩니다.

___ 다양성 시대에 다문화 인구의 증가는 바람직한 현상

최근 몇 년간 우리 사회를 가장 뜨겁게 달구고 있는 화두는 '미래사회, 미래교육'입니다. 수많은 미래학자들, 심지어 경제학자들까지도 미래 인류의 공통 가치는 다양성, 창의성 그리고 관용이라고 입을 모으고 있습니다. 그리고 다양성이야말로 창의성의 원천이라고 합니다. 그런 의미에서 우리나라의 인구구조에서 '다문화'의 비율이 높아지는 것은 우리 사회의 다양성을 보장할 수 있는 바람직한 현상이라고도 할 수 있을 것입니다.

이주 노동자나 결혼 이주민으로 구성된 '다문화 가정'에 대해 색안경을 끼고 바라보는 이유 중 하나는, 수년간 지속되고 있는 세계적인 경제성장 둔화에 따른 경제적 위기감일 것입니다. 앞에서 말한 바와 같이 청년세대들이 반다문화적 태도를 보이는 이유와 같습니다. 이민자를 받아들이면 수용국은 일단 이민자들을 대상으로 언어 및 문화 교육뿐만 아니라 의료 및 사회보장 보험 등 다양한 서비스를 제공해야 하고, 그러한 서비스 제공으로 인해 납세자인 자국의 국민들이 상대적으로 손해를 본다는 생각을 하게 됩니다. 또한 이민자들이 일자리를 두고 수용국의 하층민과 갈등을 야기할 수도 있고, 이민자의 수가 많아지면 국가의 정체성을 위협받을 수도 있다고 생각하는 거죠.

하지만 이주민의 증가가 우리 사회에 미치는 긍정적인 영향도 많습니다. 예컨대 이주민은 문화적 다양성을 통해 우리 사회에 문화적 풍요로움을 줄 수 있으며, 노령화되어 가는 우리나라의 인구 구조 개선에도 도움을 줄 수 있습니다. 저출산 문제로 인해 한 명의 아이가 아쉬운 상황이니까요. 또한 결혼 이주를 통해 한 남자의 아내로, 한 여자의 남편으로, 한 아이의 부모로 그리고 지역사회의 일원으로 자신의 역할을 잘 수행하고 있으므로 국가적으로도 그 의미가 상당히 크다고 할 수 있을 것입니다.

친근한 표현이라고요? 전 듣기 불쾌합니다만!

한 연구 결과에 의하면, 한국 사회에서 혼혈 또는 외국인으로 차별받은 경험은 백인에 비해 아시안계와 흑인이 훨씬 많다고 한다. 과거에 비해 흑인에 대한 편견이 많이 사라진 것은 사실이지만, 그럼에도 불구하고 차별이 완전히 사라진 것은 아니다. 청소년들이 좋아하는 힙합문화에서 흑인의 활약이 두드러지고, 스포츠 분야에서도 흑인 스포츠 스타들의 활약이 눈부시다 보니, 흑인에 대한 인상도 많이 좋아지고 있다. 이 때문인지, 청소년들 사이에서 '흑형'이라는 말이 아무런 거리낌 없이 쓰이고 있다. 많은 청소년들이 '흑형'이라는 말을 친근감의 표현 정도로 여기고 사용하는 것이다. 그런데 여러분도 좋아하는 한국 최초 흑인 혼혈 모델, 한현민씨가 〈BBC뉴스 코리아〉에서 한 말을 한 번 살펴보자.

> "한국 사람들이 흑인을 보면 '흑형'이라는 말을 정말 많이 씁니다. '흑형'이라는 말은 우리가 듣기에 억양이나 어감이 기분 나쁜데, 그걸 모르고 쓰는 분이 많아요."

TV 프로그램 〈비정상회담〉으로 유명해진 샘 오취리도 '흑형'이라는 말이 매우 불편하다고 말했다. '형'이면 형이지 굳이 왜 '흑'을 붙이느냐는 것이다. 백인을 두고 '백형'이라고 말하지 않듯이, 흑인에게만 '흑형'이라고 말하는 것은 인종차별적 발언이라고 할 수 있다. 우리가 아무리 친근한 표현이라고 우겨도 당사자가 불편해한다면 이것은 엄연히 차별적 표현인 것이다.

와, 이거 완전 병맛이네!

08

앞서 우리는 말에서 엿볼 수 있는 다문화 또는 다른 민족에 대해 우리가 무심코 던지는 차별의 언어들을 살펴보았습니다. 차별의 언어 밑바닥에는 무의식적 '구분 짓기'가 존재합니다. 이러한 '구분 짓기'는 점점 더 큰 차별의 싹을 틔우게 됩니다. 사실 사회 곳곳에서 '우리와 다른 것'에 대한 구분 짓기는 꽤 일반적으로 이루어지고 있습니다. 특히 장애인에 관한 구분 짓기와 비하는 좀 더 무신경하게 그리고 매우 빈번하고 일상적으로 일어나는 경우가 많습니다.

"그 영화 좀 병맛이더라."

"그 노래 선 병맛, 후 중독이잖아~!"

"저 만화는 컨셉(콘셉트)이 병맛인가 봐!"

《90년대 생이 온다》라는 책을 보면 90년대 생의 특징을 '간단함, 병맛, 솔직함'으로 정의합니다. 그런데 밀레이엄 이후에 태어난 청소년들도 이와 다르지 않은 것 같습니다. 즉 병맛을 좋아하고, 다양한 상황에서 일상적으로 그 단어를 즐겨 사용하고 있죠.

____ 일상 깊이 파고든 장애인에 대한 차별의 언어들

'병맛'이라는 단어의 정확한 의미를 규정하기는 어렵지만, 이 말이 주로 사용되는 상황들을 살펴보면 대체로 "맥락없고 형편없으며 어이없음" 정도의 의미로 이해할 수 있을 것 같습니다. 최근 젊은 세대를 열광시키고 있는 B급 감성 또한 어떻게 보면 이런 '병맛'이 주는 은근한 재미와 관계있지 않을까 하는 생각이 듭니다. 그간 우리 사회를 지배했던 엘리트주의에 대한 조롱이기도 하죠. 최근에는 "맥락 없는 개그에서 오는 어이없음 혹은 코믹함"을 지칭하는 말로도 쓰이고 있습니다. 원래는 뭔가 내용이 이상하거나 허술하여 별 내용이 없는 만화 따위에서 유래된 말이라고 하는데, 최근에는 다양한 콘텐츠나 상황에서 널리 쓰이고 있습니다.

하지만 '병맛'이라는 단어가 이처럼 무심히 사용되는 것에 대해서는 문제의식을 가질 필요가 있다고 생각합니다. '병맛'은 '병신같은 맛'의 줄임말인데, '병신'이라는 단어는 사전적으로도 "신체 일부가 기능하지 못하거나 다소 모자란 행동을 하는 사람을 낮잡아 부르는 말"로, 말 자체에 이미 장애인에 대한 조롱의 의미가 내포되어 있죠. 물론 청소년들은 그 단어의 정확한 의미를 따져서 쓰고 있는 것은 아닐 것입니다. 그렇지만 뭔가 허술하고 비정상적인 상황에 대하여 무조건 '병맛'이라고 치부해버리는 것은 심히 우려하지 않을 수 없습니다. 그 밖에도 장애인에 대한 비하는 대단히 무심하고 일상적으로 이루어집니다.

> "나 진짜 스트레스 땜에 정병(정신병) 올 것 같아……."
> "꿀 먹은 벙어리니? 야, 말 좀 해!"
> "너 애자(장애자)니?"

교실에서도 흔히 들리는 말들입니다. 그만큼 아무렇지도 않게 쓰고 있다는 뜻이기도 하지요. 장애인을 은연중에 비하하는 뜻이 담긴 표현들이 일상생활에서 너무 광범위하게 사용되고 있는 것입니다. 마치 하나의 유행어처럼 쓰다 보니 정작 이런 단어를 사용하는 사람들은 그 말의 원래 뜻과 관계없이 그저 그 단어가 주는 뉘앙스만을 살려서 쓴다고 생각하며 합리화합니다. 그래서 이런 단어의 사용이 장애인 비하를 내포한다고 알려주면, 오히려 유별난 사람 취급을 받습니다. 아마도 이런 핀잔이 돌아오지 않을까요?

> "야, 너 십선비냐?"
> "어디서 훈장질이야!"

귀머거리, 장님, 벙어리 등 우리말에는 장애인의 특징을 비하하는 단어들이 많습니다. 심지어 이런 단어들이 들어간 속담도 많습니다. 예컨대 "벙어리 냉가슴 앓듯 한다", "봉사 문고리 잡기", "앉은 뱅이 용쓴다", "귀머거리 들으나 마나" 등등 생각보다 많습니다. 장애인의 신체적 특징을 폄하하는 이런 표현은 그 자체로 혐오 표현이라고 할 수 있습니다. 남과 다른 신체적 특징을 잣대로 한 일종의 '구분 짓기'이니까요.

앞에서 우리는 구분 짓기를 통해 너와 내가 서로 격이 다른 사람이라고 규정하는 태도가 상대에게 어떤 상처를 주는지 이미 살펴보았습니다. 단지 워낙 옛날부터 누구나 그렇게 말해왔기 때문에 나쁜 의도 없이 그냥 썼을 뿐이라는 태도는 위험합니다. 게다가 이런 말들은 인권에 대한 의식이 없던 아주 옛날에 만들어져 사용된 말들입니다. 하지만 소위 사회 지도층이라 할 수 있는 정치인들조차도 이런 표현을 무심코 사용했다가 비난을 받기도 하는데요. 자신의 경솔한 발언을 사과하면서도 늘 덧붙이는 말이 있죠.

> "죄송합니다. 다만 그런 뜻으로 한 말이 아니므로, 말의 본질을 왜곡하지 말아주세요……."

하지만 말의 본질을 운운하기에 앞서 무심코 그러한 언어를 내뱉을 만큼 차별의 언어에 무신경해진 자신의 언어생활을 먼저 깊이 성찰해볼 필요가 있지 않을까요?

_____ 관용적으로 굳어진
혐오 표현을 인지하고 돌아봐야 하는 이유

어릴 때부터 워낙 익숙하게 이런 말들을 접하고 또 사용하다 보니, 우리 사회의 지도층이라 불리는 인사들이나 공공 언론에서조차 종종 장애인과 관련된 단어를 관용적으로 사용하여 대중의 비판을 받기도 합니다.

> "선천적인 장애인은 의지가 약하지만, 후천적으로 장애인이 된 사람은 이를 극복하고자 하는 의지가 강하다."

모 정당의 대표가 위와 같은 장애인 비하성 발언을 하여 국민들은 물론 상대 당으로부터 엄청난 비난과 공격을 받은 적이 있습니다. 그런데 더욱 어처구니없었던 점은 이렇게 비난하는 와중에 상대 당에서 내놓은 논평이었습니다.

> "이런 말을 하는 걸 보니 당신이 정신장애인 같다!"

이처럼 어처구니없이 또다시 '장애인 비하 발언'을 쏟아낸 것이었죠. 또 최근에는 '외눈'이라는 비유가 장애인 비하냐 아니냐를 두고 논쟁이 일기도 했습니다. 이런 소모적 논쟁이 벌어질 때마다 씁쓸한 마음이 듭니다. 애초에 정치인들에게는 이런 말들에 담긴 구분 짓기나 부정적 의미와 영향에는 별 관심이 없었던 것처럼 보이기 때문입니다. 이런 말들이 장애인 비하 발언에 해당한다는 문제의식 없이 그저, 상대 당을 힐난하기 위한 트집거리 정도로만 간주하다 보니, 마치 도돌이표처럼 서로 주거니 받거니 같은 잘못을 무한 반복하고 있는 게 아닐까요?

이런 혐오 표현들이 이미 하나의 관용어로 굳어져 사용되다 보니, 그에 대해 문제를 제기하는 것조차 불편하게 생각하는 사람들도 적지 않습니다. 즉 너무 예민하다거나 말꼬리 잡기식의 트집을 위한 트집이라고 인식하는 거죠. 그렇지만 우리가 아무 악의 없이 쓰는 말이라도 그 말에 담긴 차별과 혐오는 우리도 모르는 사이에 우리 내면에 스며들어 어느새 우리의 의식을 차별로 물들입니다. 그러면서 점점 더 차별에 무뎌지거나 아예 당연시하게 되는 거죠. 따라서 그러한 표현에 담긴 문제를 지적하는 말들에 귀를 기울이면서 자신과 주변을 두루 살펴보고, 자신의 말을 되돌아볼 필요가 있습니다. 우리가 생각 없이 사용하는 이런 말들 때문에 그 차별과 혐오의 대상이 되는 사람들은 마음속에 깊은 상처를 입으니까요.

혹시 '마이크로어그레션(microaggression)'이라는 말을 들어보았나요? '아주 작은'이라는 뜻의 마이크로(micro)와 '공격'이라는 뜻의 어그레션(aggression)의 합성어로 일상생활에서 이뤄지는 미묘한 차별을 뜻하는데, 보통 '먼지공격'이라는 말로 해석됩니다. 우리 눈에 잘 보이지 않지만, 치우지 않으면 계속해서 쌓이는 '먼지'와도 같다는 뜻에서 '먼지공격'이라고 하는 것입니다. 비록 의도적으로 한 말이나 행동이 아니어도 상대방이 모욕감이나 적대적인 감정을 느끼면 마이크로어그레션에 해당합니다. 먼지공격의 가장 큰 문제는 공격자에게 잘못이라는 인식이 없다는 데 있습니다. 즉 자신이 하는 말이 상대방에게 상처가 된다는 것을 인지하지 못하는 경우가 많다는 것이 바로 이 '먼지공격'의 문제입니다. 내가 무심코 휘두른 칼에 상대가 크게 다쳤는데, 상대에게 "난 내 손에 쥔 것이 칼인 줄 몰랐다."고 말한다면 그게 변명이 될까요? 우리가 차별임을 인식하지 못하고 인종, 성별, 성 정체성 등을 이유로 은연중에 상대방을 비하하는 말을 하고 있지는 않은지 생각해야 할 이유입니다.

____ 반복된 사용 속에 의식에
또렷이 각인되는 언어의 힘

장애인을 비하하고 혐오하는 단어들이 많은 이유는 예로부터 장애인의 반대 개념을 '정상인'으로 규정짓고 장애인을 그 반대인 '비정상적'인 상태로 규정해 낙인을 찍었기 때문입니다. 앞서 말한 '구분짓기'입니다. 사실 많은 사람들이 비정상적인 것에 대한 혐오와 차별을 당연시합니다. 그렇지만 자연 생태계를 포함해서 지구상에 존재하는 그 어떤 사회도 생물학적으로 장애가 전혀 없는 구성원들만 존재하는 경우는 없습니다. 그런데도 장애가 없는 사람들로만 채워진 사회만을 정상적이라고 보는 것 자체가 우리 사회의 다양성을 훼손하는 태도[18]입니다. 장애가 있든 없든 상관없이 사람들이 다양하게 공존하고, 서로서로 동등하게 생각하고 인정해주는 사회야말로 다양성의 가치를 인정하는 정상적인 사회가 아닐까요? 그러기 위해서는 우리가 무심코 사용하는 장애인 비하 표현들에 대한 문제의식과 함께 이를 개선하려는 의지가 반드시 필요합니다.

독일의 실존주의 철학자 하이데거(Martin Heidegger, 1889~1976)는 '언어는 존재의 집'이라고 했습니다. 말을 통해서 개인이나 사회가 자기 본연의 모습을 드러내게 된다는 뜻으로 볼 수 있겠죠? 즉 내가 쓰는 말은 내가 어떤 사람인지를 보여준다고도 할 수 있을 것입니다. 그만큼 언어의 힘은 실로 대단한 것입니다.

특히 '장애인', '여성', '이주민' 등 어떤 집단이나 계층을 지칭하는 개념이나 단어는 훨씬 더 힘이 셉니다. 만약 특정 사회집단이나 계층을 지칭하는 이런 말에 차별이 담겨 있다면, 우리가 생각 없이 그 말을 쓰는 동안 그 집단은 우리와 섞일 수 없는 이질적인 집단, 즉 차별의 대상으로 구분 지어지고 사회에서 소외되고 맙니다. 우리가 쓰는 말이 특정 사회집단 또는 계층의 사회적 관계를 왜곡시키고 이 왜곡된 인식을 강화하는 역할을 할 수 있다는 뜻입니다. 언어를 통해 뇌 속에 주입된 인식은 선명하게 각인되어 잘못된 것이라고 명백히 인정되기 전까지 절대 바뀌지 않고 우리의 말과 행동에 지속적으로 영향을 미친다는 점을 깊이 생각해보아야 합니다.

....
19. 김청연, 《왜요, 그 말이 어때서요?》, 74쪽 참조

무분별한 낙인찍기는 제발 이제 그만!

09

여러분 혹시 《주홍글씨》라는 소설을 읽어보았나요? 청소년 권장도서 목록에 매년 거의 빠지지 않고 등장하는 명작입니다. 혹시 아직 읽지 않은 사람을 위해 간단히 내용을 소개하면 다음과 같습니다.

7세기 보스턴의 보수적인 청교도 사회는 매우 엄격한 규율을 강조하였는데, 간음죄를 저지르면 간음(Adultery)을 뜻하는 머리글자 'A'의 주홍글씨를 가슴에 새긴 채 만인 앞에서 공개적인 비난과 힐책을 감수해야 했죠. 가슴에 선명한 주홍글씨를 공들여 수놓은 주인공 헤스터 프린은 간음으로 얻은 아기를 품에 안고 교수대 위에 올라선 채 사람들의 원색적인 비난을 홀로 감당합니다. 사람들은 간통한 상대를 말하라고 다그쳤지만, 그녀는 끝끝내 상대의 이름을 밝히지 않은 채 홀로 묵묵히 온갖 수모를 견뎌내며, 이후 이웃에 대한 봉사와 속죄의 삶을 살아갑니다. 반전은 사실 간음의 상대는 학식도 높고, 숭고한 정신의 소유자로 마을 사람들의 존경을 한몸에 받던 딤즈데일이라는 청년 목사였다는 사실이었죠. 소설 말미에서 딤즈데일 목사는 오랜 세월 죄책감에 시달리며 불안함 속에서 살아가다가 결국 사람들 앞에서 자신의 죄를 고백하고 그 자리에서 숨지고 맙니다.

이 소설은 세상 사람들의 온갖 비난과 조롱을 받으며 죄인으로 낙인찍힌 헤스터야말로 가장 높은 덕성을 지닌 존재였음을, 한편 그럴듯한 포장 속에 본모습을 감춘 채 세상 사람들의 존경을 받는 이들이 오히려 도덕적으로 타락한 존재였음을 역설적으로 보여줍니다. 기득권 세력이 이러한 사회의 치부[20]를 감추기 위해 무고한 누군가를 희생양으로 삼아 집단적으로 공격함으로써 자신들의 불안을 감추고, 기존 사회질서를 유지하려 했던 것입니다.

___ 분노를 발산할 희생양이 필요해!

현대사회에도 무고한 사람들에게 일방적으로 '죄인'이라는 사회적 낙인을 찍어 희생양으로 삼아 비난의 화살을 집중시킴으로써 불안

....
20. 恥部. 남에게 보여주고 싶지 않은 부끄러운 부분을 말함.

한 사회질서를 유지하려는 경향은 종종 나타납니다. 소위 인터넷상의 마녀사냥 또한 이러한 희생양 낙인찍기의 사례로 볼 수 있습니다.

사회적 낙인에 대해 현대적 관점을 제공한 사회학자 어빙 고프먼(Erving Goffman, 1922~1982)에 따르면, 사회적 낙인이란 "어떤 개인을 완전하고 평범한 속성을 부정하고 더럽혀지고 가치가 떨어지는 사람으로 축소하는 것"이라고 하였습니다. 그리고 이러한 "낙인은 인간 사회의 보편적인 현상"으로 거의 모든 사회에서 낙인찍기가 이루어진다고도 했습니다.

시카고대학교의 석좌교수이자 정치 철학자인 마사 누스바움(Martha Nussbaum)은 "인간이 이렇게 다른 대상을 낙인찍기하여 혐오의 대상으로 만드는 이유는 모든 사람이 원초적 수치심을 가지고 있기 때문"이라고 하였습니다. 원초적 수치심을 갖고 있다는 것은 사람들은 자기 내부에 뭔가 결여되어 있으면 불충분하다고 인식하는 자아가 있다는 것을 의미합니다. 즉 사람들은 패배에 대한 일종의 비이성적인 두려움을 가지고 있는데, 지배집단은 사람들이 가진 이러한 두려움을 이용하여 사회를 안정적으로 유지하고 통제한다는 것입니다. 특정 집단이 자신들의 안정을 해칠 수 있다는 낙인을 찍음으로써 그 불안함의 근거를 그들에게 돌리도록 하는 것입니다.

앞서 말한 바와 같이 '낙인찍기'는 보편적인 현상인데, 인간은 사회가 혼란스러울 때마다 누군가를 낙인찍어 새로운 희생양으로 삼아 집단적인 사회 분노를 표출하곤 했습니다. 안타깝게도 그 대상은 대체로 여성, 소수자, 사회적 약자, 외국인 등이었죠. 사회 전반에 불안이나 위기의식, 불만 등이 커질 때마다 특정 대상을 지목하여 분노의 화살을 쏘아대는 것입니다. 때로는 대상을 바꿔가며 무분별한 마녀사냥이 이루어질 때도 있습니다. 전 세계적인 위기 상황이라 할 수 있는 코로나19 팬데믹에도 세계 곳곳에서 특정 대상에 분노를 표출하는 현상이 나타났죠.

___ 코로나19 팬데믹과 우한폐렴

한두 달이면 끝나려니 했던 코로나19의 장기화는 우리 인류가 누려온 평범한 삶의 방식마저 바꿀 만큼 엄청난 변화를 가져왔습니다. 코로나19를 겪은 세대를 말하는 V세대[21]란 신조어도 만들어졌죠. 전염성 강한 코로나19의 대유행은 하루아침에 세계인의 평범한 일상 중 상당 부분을 앗아가면서 우리 모두를 우울하고, 불안하고, 또 분노하게 했습니다.

이러한 울분과 불안을 쏟아낼 만한 희생양을 필요로 하던 때에 국제사회에서 논란을 일으킨 말이 바로 '우한폐렴'이라는 단어였습니다. 언론에서 지목한 코로나19 감염자가 처음 발견된 곳이 중국의 우한이었기 때문이지요. 하지만 '우한폐렴'이라는 용어가 특정 지역에 대한 혐오를 조장할 수 있다는 국제사회의 우려가 제기되

....
21. V세대에 대한 설명은 앞의 79쪽 각주 참조

면서 '우한폐렴' 대신에 '코로나19'라는 공식 명칭으로 불리게 되자, 또다시 이 과정에서 중국의 입김이 작용하였다며 정치적 논란거리로 비화되기도 했습니다.

예컨대 '우한폐렴'이라고 불러야 한다고 주장하는 사람들은 '아프리카돼지열병' 등과 같이 어떤 바이러스가 발생하면 그 바이러스의 진원지 명칭을 따서 바이러스의 이름을 명명하는 것은 관행인데, 왜 유독 '코로나19'만 '우한폐렴'이라고 하면 안 되느냐는 논리를 펼쳤습니다. 하지만 이 말은 국내에 거주하는 중국인들에게도 코로나19의 유행에 대한 책임이 있다며 '중국인 혐오'를 일으키는 데 일조했죠. 또 우리나라에서는 모 종교집단의 집회를 통해 코로나 19의 대규모 감염이 일어났고, 이후 코로나19의 전국적 대유행으로 이어졌습니다. 그러자 코로나19 바이러스에 대규모 감염이 시작된 특정 지역명을 붙여 부르면서 그 지역 사람들을 싸잡아 혐오의 대상으로 치부하는 사람들마저 생겨났습니다.

그런데 특정 지역을 명시한 이런 말들은 결과적으로 특정 지역 사람들에 대한 혐오를 조장하고 낙인을 찍는 문제가 발생합니다. 우리가 알고 있는 것처럼 '우한폐렴'이라는 말은 중국인에 대한 혐오를 넘어서, 아시아인 전체에 대한 혐오로 번지고 있습니다. 유럽을 비롯하여 세계 곳곳에서 아시아인을 대상으로 하는 혐오범죄가 판을 치고 있는 것입니다. 한편으로는 코로나19에 감염되었다가 완치된 사람조차 코로나19 병균을 가진 숙주라도 되는 양 사회적인 낙인의 대상이 되어 괴로움을 겪기도 합니다.

"야, 몇 반 아무개 코로나래!"

"아, 진짜? 짜증나! 전학이나 가버리면 좋겠다!"

바이러스는 인간처럼 이성적 사고를 하는 존재가 아닙니다. 이성적 판단에 의해 숙주를 골라서 감염시키는 게 아니죠. 다시 말해 우리 중 어느 누구도 바이러스 감염 위험에서 자유로울 수 없다는 뜻입니다. 특히나 코로나19의 감염력은 기존 바이러스에 비해서도 매우 강한 것으로 알려졌습니다. 따라서 감염자의 마음에 상처를 내는 차별의 말화살은 언제 어느 때 우리 자신을 향해 무자비하게 날아오게 될지 모르는 일입니다.

 희생양과 사회적 낙인

낙인찍기(stigmatization)란 어떠한 개인이 특정 사회 맥락에서 가치가 낮은 사회적 정체성을 내포하는 속성이나 특성을 가지고 있을 때, 혹은 가지고 있다고 여겨질 때 일어난다. 어빙 고프먼은 이러한 낙인의 종류가 다음과 같이 세 가지로 구분된다고 하였다. 첫째는 외적인 기형, 둘째는 개인적 성품에서의 일탈, 오점과 관련된 낙인이다. 즉 '나쁜 품성'과 관련된 것으로서 '정신장애, 범죄자, 중독, 동성애, 실업, 자살시도, 급진적 정치행동' 등이 이에 속한다. 셋째는 부족 낙인(tribal stigma)인데, 정상에서 벗어난 것으로 간주되는 국적, 종교, 인종에 대한 낙인이다. 흑인에 대한 차별, 이슬람교에 대한 차별 등이 그 예라고 할 수 있다.

____ 말이 씨가 된다

누구나 언제든 차별의 대상이 될 수 있지만, 우리는 누군가를 사회적으로 규정하고 낙인찍는 말들을 너무나 일상적으로 쓰고 있습니다. 때론 의도적으로, 때론 무심코 말입니다. 앞서 말했던, '엘사, 전거지, 월거지' 이런 말들은 친구들에게 '가난'이라는 낙인을 찍는 말입니다. '범죄자, 정신 장애자. 꼴페미, 학폭 가해자, 학폭 피해자' 등등도 우리가 아무렇지 않게 뱉어내는 낙인의 말들입니다.

"쟤는 원래 저런 애야."

우리 속담에 '말이 씨가 된다'는 말이 있습니다. 보통은 말을 함부로 하지 말라는 뜻으로 하는 말이지만, 이 말은 말이 가지는 예언의 힘을 의미하기도 합니다. 즉 나쁜 일이 벌어질 것이라고 말하면 나쁜 일이 생기고, 좋은 일이 생길 것이라고 말하면 좋은 일이 생긴다는 것이지요. 이런 것을 심리학 용어로 자기충족적 예언 이론(self-fulfillment prophecy theory)이라고 합니다. 좋지 않은 예감은 꼭 들어맞는다고 말하는 사람이 있죠? 여러분도 "슬픈 예감은 틀린 적이 없다."는 말을 들어본 적이 있을 것입니다. 예컨대 '실수할 것 같아…….'라고 생각하면 꼭 실수했던 경험이 있지 않나요? '자기충족적 예언' 이론에 의하면 "쟤는 원래 저런 애야."라는 말을 자꾸 듣다보면, 자기도 모르게 그런 행동을 더 하게 된다고 합니다.

#부정적인_#말은_#부정적인_#행동의_#씨앗이_된다

사회적 낙인은 어떤 사람이 가진 특성 하나를 마치 그 사람의 전부인 양 규정하여 차별하는 오류를 범하기 쉽습니다. 낙인이 개인에게 어떤 영향을 미치는지 연구한 결과들을 살펴보면, 일반적으로 사회적 낙인이 찍힌 사람들은 그 사회로부터 부정적 대우와 차별을 받는 경우가 많습니다. 이런 부정적 차별로 인해 그들은 계속 낮은 사회적 지위에 머물게 되고, 낮은 사회적 지위로 인해 또다시 차별을 받게 된다고 합니다. 늘 부정적인 기대를 받는 이들은 자기충족적 예언을 통해 스스로에 대해서 부정적인 생각을 하게 될 것입니다. 사회적 낙인을 찍는 사람들 역시 특정 집단에 대한 부정적 관념이 고정관념으로 굳어져 매번 그 집단에 대해 부정적으로 반응하

 피그말리온 효과

낙인찍기로 인한 부정적 효과와 반대되는 말이 있다. 그리스 신화에서 유래된 말인데, 키프로스섬의 왕 피그말리온은 매춘을 혐오한 나머지 인간 여성을 혐오하였다. 현실 속에서 사랑을 하지 못한 그는 여인상을 조각하였고, 한자리에 꼼짝도 하지 않고 서 있는 조각상의 모습에서 고결함과 순결함을 느끼고 사랑에 빠지고 만다. 너무 깊이 사랑한 나머지 왕은 신에게 조각상에 생명을 달라고 간청하였다. 그 기도가 너무 간절하여 여신 아프로디테가 피그말리온의 소원을 들어주었고, 조각상은 실제 여인이 되어 피그말리온과 결혼하게 된다. 이처럼 누군가의 관심이나 기대로 인해 실제 능률이 오르거나 결과가 좋아지는 현상을 심리학에서 피그말리온 효과(Pygmalion effect)라 한다. 비록 비현실적인 신화에서 유래된 말이지만, 부정적인 낙인찍기보다는 평소 긍정적 언어생활로 행복한 변화를 가져올 마법을 걸어보면 어떨까?

게 되겠죠. 이렇게 사회적 낙인의 악순환이 반복되는 것입니다. 우리가 아무 생각 없이 재미로 던지는 말들이 결국은 사회적 낙인으로 이어지는 말들이라는 것을 한번쯤 생각해보았으면 합니다. 말한 마디의 무게를 인지하는 신중함이 필요한 때입니다.

___ 누구든 사회적 낙인의 희생양이 될 수 있다

모든 사회는 특정 사람을 정상이라고 지정합니다. 마사 누스바움은 "우리가 가진 '정상적'이라는 개념은 두 가지 잘못된 사고와 연관되어 있다."고 지적하였습니다. 그중 하나는 통계적으로 빈번하다는 사고입니다. 그런 의미에서 '정상'의 반대말은 '흔치 않은' 것이 되죠. 또 다른 하나는 바람직하거나 규범적이라는 관념입니다. 즉 정상적인 것은 적절한 것이며, '정상'의 반대말은 '부적절한', '나쁜', '수치스러운'이 됩니다. 대부분의 사람들이 하지 않는 것은 수치스럽거나 나쁘다고 생각하는 거죠.[22]

하지만 영국의 철학자이자 경제학자인 존 스튜어트 밀(John Stuart Mill, 1865~1868)은 "인류 역사상 많은 진보는 다수가 살아가고 심지어 좋아하는 방식대로 살지 않은 평범하지 않은 사람들에게서 나왔다."고 하였습니다. 다시 말해 '정상적'이라는 말이 반드시 가치 있

....
22. 마사 누스바움, 《혐오와 수치심》(조계원 옮김), 민음사, 2015, 397쪽

고 바람직한 것이라고 볼 순 없다는 의미입니다.

그럼에도 불구하고 많은 사람들이 굳이 '정상'이라는 범주를 정해놓고, 자신이 그 '정상'의 범주에 속한다고 믿는 것에 대해 누스바움은 "자기 자신이 모든 면에서 볼 때 일반적이며, 조금도 부족함이 없는 좋은 집단에 속해 있다고 믿으며 스스로 안정감을 찾기 때문"이라고 말합니다. 즉 스스로를 안심시키기 위해 다른 사람을 낙인찍는 거죠. "대부분의 사람들은 자신이 '정상'으로 보이려고 노력하지만, 다른 사람이 알게 되면 어떤 면에서 자신을 '비정상'이라고 구분할 수 있는 약점을 누구나 가지고 있다."고 누스바움은 말합니다. 지금은 우리가 누군가를 '비정상'이라거나 '비도덕적'이라고 낙인찍고 있지만, 언젠가 내가 그 낙인의 대상이 될 수도 있다는 사실을 인식해볼 필요가 있지 않을까 합니다. 어빙 고프만이 《스티그마》라는 자신의 책에서 한 말의 의미를 다시 새겨보고자 합니다.

> "엄밀한 의미에서 볼 때, 미국에서 부끄러워하지 않아도 될 만큼, 완벽한 남성은 오직 한 부류밖에 없다. 즉 젊은 기혼의 백인으로 도시에 살고 북부 출신이면서 이성애의 성향을 가지고 있고 기독교를 믿는 아버지로서, 대학 교육을 받고 완전고용되어 있으며, 적당한 몸무게와 키, 그리고 운동 경기에서 최근 기록을 보유하고 있는 사람밖에 그럴 만한 사람이 없다."[23]

....
23. 어빙 고프만, 《스티그마: 장애의 세계와 사회적응》(윤선길 · 정기현 옮김), 한신대학교출판부, 2009, 마사 누스바움, 《혐오와 수치심》 318쪽에서 재인용

나도 모르게 낙인찍는 말들, 차별과 혐오를 조장하는 말들

#내가 이제 쓰지 않는 말들 #프로젝트

"재치 있고 웃긴 말을 쓰고 싶은 유혹이 들 때 잠시 멈추고 들여다본다. 그 말의 중심에 누가 있는지 살펴본다. 어떤 이를 단순한 선입견으로 판단하거나 주변으로 밀어내고 있는지, 어디에다 선을 긋고 누구를 타자화하면서 성립하는 웃음인지를. 언어는 우리가 함께 살아가는 환경이다. 내가 차별받고 싶지 않듯이 내 말이나 글로 누군가를 차별하지 않는 환경을 만들고 싶다. 단어장의 어휘를 늘리는 일만이 아니라, 차별의 언어가 스며있지 않나 점검하고 솎아내는 일도 오늘날을 살아가는 시민으로서 필수적인 업데이트다."

확찐자 생명의 위협이나 고통스러운 후유증, 생계에 심각한 타격을 입고 있는 사람이라면 감염병 확진을 절대 농담거리로 사용할 수 없을 것이다. 사망자가 120만 명을 넘긴 지구적 재난의 심각성을 희석하는 농담은 부적절하다. 이 감염병이 자신과 가까운 주변의 불행은 아니라고 선을 긋기 때문이다.

○**린이** 주식을 처음 하는 사람을 '주린이', 수영을 처음 하는 사람을 '수린이' 등, 어린이 각자의 개별성과 특징을 지우고 어떤 역량이나 경험치 부족이라는 단면만 가지고 뭉뚱그리는 선입견에 어른인 나를 중심으로 둔 오만함이 깔려 있지 않은지 돌아보게 되었다.

- 황선우 작가

○**밍아웃** 사회에 만연한 성 소수자에 대한 멸시의 시선에도 불구하고 자신의 성 정체성을 공개적으로 드러내는 일, 그 무거운 다짐을 다른 것들, 흔하게는 자기가 좋아하거나 지지하는 걸 말하는 데 쓰는 건 누군가의 일생일대의 결정에 대한 예의가 아닌 것 같다.

외쿡사람 자신의 부정확한 한국어 발음을 조롱하는 것처럼 들린다는 외국인 노동자의 말을 듣고 나서부터 쓰지 않는다.

흑형 사람을 극히 협소한 인종적 특징만으로 환원해서 납작한 존재로 만들고 싶지 않아서.

- 장류진 작가

성적 수치심 "피해자가 갖는 감정이 수치심이라고 생각하는 사람은 그렇게 느끼지 않는 것으로 보이는 피해자를 봤을 때 의아함을 갖게 됩니다. '피해자가 왜 저렇게 밝아?', '어떻게 남자를 만나?', 이런 생각은 급기야 '실제로 피해를 안 겪은 건 아닐까?' 하는 생각까지 하게 만듭니다. 수치심을 기대하고 강요하지 마세요, 피해자가 느끼는 감정은 불쾌, 분노, 복수심입니다." 성폭력 피해자를 이해한다며 쓰는 이 말은 오히려 '피해자다움'을 강요하는 말이 되었다. "더럽혀졌다."라는 표현 역시 우리가 피해자에게 기대한 감정이 어떤 것인지 알 수 있다. 피해자에게 성적 수치심을 기대할 것이 아니라 가해자를 어떻게 벌할지 그것만 생각하면 된다.

-수신지 작가

건강하세요., 암 걸릴 것 같아 상대가 건강하기를 바라는 것은 나쁘지 않겠으나, "건강을 잃으면 다 잃는 거야."처럼 건강지상주의로 흐르는 말들은 자칫 질병을 앓는 사람들을 패배자로 만들어 버릴 위험이 있다. 건강하지 않은 사람도 얼마든지 즐거움을 느끼고 노력하고 성취하고 사랑도 한다.
또한 '×신, ×머거리, ×어리'와 같이 장애를 비하하는 말, '처녀작, 미망인, 여의사, 여선생, 여류 작가' 등의 여성혐오적인 말 등 스스로 사용하는 말이 여성, 약자, 소수자, 장애인들을 소외시키지 않았는지 점검해 볼 수 있어야 한다.

-김하나 작가

거지　가난과 빈곤은 공적으로 해결되어야 할 문제인 동시에 이곳에서 실제로 살아가는 삶의 일면이다. 특히 주택문제, 부동산문제는 이 나라의 중대한 사회문제이다. 그런데 그 안에서 자리를 잃고 배제당한 사람들을 비하하는 말을 고작 나의 기분을 드러내려고 사용한다는 것은 얼마나 무지하고 당혹스러운 일인가.

-안희제 작가

부모, 고아　프랑스의 가족관계 문서는 '부/모' 말고 '보호자1, 보호자2'를 적게끔 한다. 부모가 모두의 기본값은 아니라는 점을 존중하는 문서 형식이다. 우리는 부모가 있는 것을 전제로 한 상황에만 너무 익숙해져 있다. 그런데 오늘날에는 현재의 상상력으로는 '부모' 대신 '보호자' 혹은 '어른'이라는 말을 일상어로 쓰는 것이 마치 최선처럼 느껴진다. '부모'는 엄마만 있는 경우, 아빠만 있는 경우, 둘 다 없는 경우, 엄마가 여럿이거나 아빠가 여럿인 경우, 보호자의 성별을 이분법적으로 구분하고 싶지 않은 경우 등을 예외로 두는 단어이기 때문이다.

'고아'라는 말은 '외로울 고(孤)'와 '아이 아(兒)'를 합친 단어다. "부모가 없다고 해서 꼭 외로운 것은 아니고, 반대로 부모가 있다고 해서 꼭 외롭지 않은 것도 아닌데, 고아라는 말에는 편견 어린 동정이 이미 내포되어 있다."

- 이슬아 작가

※자료: 장혜영 의원의 〈내가 이제 쓰지 않는 말들' 프로젝트〉 참조

언어 감수성과 슬기로운 언어생활

우리는 앞에서 다양한 말들을 살펴보았습니다. 마치 유전자 복제를 하듯 퍼져나가며 말을 통해 새로운 문화를 창조하는 현상에 대해서도 함께 살펴보았습니다. 무엇보다 무심코 툭툭 던지는 말들이 우리 자신과 타인에게 미치는 영향에 대해 다시 생각해보는 계기가 되었으면 합니다. 말 한마디가 때론 상대의 내면에 치명적인 상처를 입히기도 하고, 아무 생각 없이 사용하는 동안 우리의 의식을 조금씩 물들일 만큼 강력하다는 것을 알게 되었을 테니까요. 끝으로 우리가 세대와 계급, 성별을 넘어 다 함께 잘 소통하는 사회를 만들기 위해 무엇을 해야 하는지를 이야기 해보려고 합니다. 서로의 말에는 전혀 귀 기울이지 않고, 자기 할 말만 일방적으로 한다면 서로에 대한 비방과 편 가르기가 끊이지 않을 것입니다. 특히 사회적 약자들의 작은 목소리에도 귀 기울여줄 누군가가 절실히 필요합니다. 우리 모두에게 한 차원 높은 언어 감수성이 요구되는 때입니다. 이제 함께 언어 감수성을 키우며 서로 잘 통하는 사회를 만들기 위한 고민을 함께 나누고자 합니다.

PART 04

소통의
물꼬를 트는
언어 감수성

"우리, 통하였느냐?"

신조어에
반영된
우리 사회의 모습

01

언어는 시대를 반영합니다. 그만큼 당대 사람들이 처한 현실 상황을 민감하게 드러내죠. 다시 말해 사람들이 사용하는 언어를 살펴보는 것으로도 시대상을 충분히 짐작할 수 있다는 뜻입니다. 요즘 말을 보고 요즘 세대의 특성을 파악할 수 있는 것처럼, 과거 유행하던 말들을 들여다보면 당시의 상황, 사회적 분위기 등도 파악할 수 있습니다.

___ 꼰대들의 화려한 과거, X세대

여러분이 꼰대라고 부르는 세대 중 40대 후반 이상의 선생님들 또는 여러분의 부모님들도 한때는 기성세대들의 눈에 못 말리는 겁

없는 신세대였다는 것을 알고 있나요? 지금 여러분의 눈에 비친 그들의 점잖은 모습으로는 잘 상상이 안 되겠지만, 그들은 1990년대에 과거 어떤 세대와도 전혀 다른 신인류로 묘사되며, 반항의 상징이자 새로운 유행을 선도하던 X세대였답니다.

원래 함수에서 X는 미지수를 뜻하는 것처럼 X세대는 기성세대의 눈에는 괴상할 만큼 독특했고, 도무지 어디로 튈지 모르는 예측 불가능성을 가지고 있다 보니 그 특성을 정확하게 규정하기가 어려웠습니다. X세대라는 명칭은 1991년에 발표된 캐나다 작가 더글라스 쿠플랜드(Douglas Coupland)의 소설 《X세대》에서 유래했는데, 여기에서 "이전 세대의 문화를 거부하며 무엇이라 딱 정의하기 어려운 특성을 가진 세대"로 정의되었죠. 당시 우리나라에서는 경제적 풍요 속에서 성장하여 향락을 추구하고 대중문화에 열광하는 세대로 묘사되기도 했습니다.

X세대에서 한 발 더 나아가 강남 부동산 신화를 기반으로 엄청난 부를 축적한 부모세대 덕분에 강남에 거주하면서 호화스러운 소비생활을 즐기는 20대는 '오렌지족'[1]이라고 불렀습니다. 자신이 노력해서 얻은 것이 아닌 부모의 경제력으로 자유분방하고 화려한 소비생활을 하는 이 오렌지족은 '풍요와 방종'의 상징으로 사회적 지탄을 받았죠. 오렌지족에서 파생된 '낑깡족'이라는 말도 잠시 유행했습니다. '낑깡'은 일본에서 들어온 과일이라 일본어 그대로 '낑깡'이

---

1. 비싼 외제차를 타고 다니며 길에서 여성들을 유혹하는 그들이 대체로 머리를 노랗게 염색하거나 외국물 좀 먹은 듯한 느낌이어서 수입 과일의 대명사인 '오렌지'라는 별칭을 붙여 부름.

라고 부릅니다. 오렌지에 비해 크기가 매우 작아서 껍질째 먹을 수 있는 과일이죠. 이런 이유로 '낑깡족'은 오렌지족이 되기에는 경제적 능력이 부족하지만, 오렌지족의 소비 행태를 따라가려고 애쓰는 사람들을 비꼬아서 부르는 말로 사용되었습니다. 남녀의 개념을 떠나서 폭넓게 살펴보면, 2006년쯤부터 쓰이기 시작한 '된장녀' 역시 소비 행태 면에서는 '낑깡족'의 계보를 잇는다고 볼 수도 있겠네요.

유행하는 말이나 신조어를 살펴보면 시대상을 알 수 있다고 했죠? 1990년대의 2030세대를 이르는 말들, 'X세대', '오렌지족', '낑깡족' 같은 말들을 보면, 그 시절 우리나라의 젊은이들은 폭발적 경제 성장이 가져온 풍요와 결실을 맘껏 누렸다는 것을 짐작할 수 있습니다. 비록 '모든' 젊은이들이 그 혜택을 입었다고 할 순 없겠지만 말입니다. 하지만 불과 몇 년 후인 1997년 '외환위기'와 함께 풍요로운 시절은 너무나 짧게 끝나버리고 말았습니다.

___ 외환위기와 함께 찾아온
불황과 새롭게 등장한 신조어들

'외환위기'란 외환 보유 부족으로 우리나라가 국제통화기금(IMF)의 지원을 받은 것을 말합니다. 1997년 우리나라를 덮친 외환위기를 전후로 많은 기업들이 대대적인 구조조정에 나서면서 많은 사람들이 실업자가 되었습니다. 이후 전 세계적으로 확산된 신자유주의적 정책의 영향으로 고용불안과 빈부격차, 사회 양극화는 점점 심해졌죠. 뒤숭숭한 사회 분위기 속에 한동안 '명태', '동태', '황태', '조기'[2] 같은 실업과 구조조정에 관한 신조어가 쏟아졌습니다. 그러다가 경제 상황이 조금 나아지는가 싶더니 2008년 미국에서 시작된 '서브프라임 사태'로 인한 글로벌 금융위기의 여파로 경제 상황은 다시 악화되었습니다. 전 세계적으로 저성장이 계속되며 불황은 장기화되었죠. 2000년대에 와서 2030세대를 두고 '이태백(20대 태반이 백수)', 혹은 '88세대(20대 비정규직 평균 급여 88만원)' 등으로 부르기 시작했는데, 이것이 나아가 '이구백(20대 90%는 백수)'이 되었고, '삼일절(31세가 넘으면 취업불가)', '장미족(장기미취업족)' 등의 신조어로 속속 이어졌습니다. 고달픈 취업난 때문에 자존감마저 바닥난 청년들은 외모는 물론 변변한 능력조차 없다는 의미로 스스로를 가리켜 '루저'라며 거침없이 비하하기에 이르렀습니다.

1958년 발간된 손창섭의 소설 《잉여인간》에서는 6·25 전쟁 후 변화된 사회 현실에 적응하지 못하는 이들을 가리켜 쓸모없이 남아도는 '잉여인간'이라고 하였는데, 무려 60여 년이 지나서 청년들이 다시 '잉여'로 전락하고 만 것입니다. 엎친 데 덮친 격으로 2011년 유로존 재정위기까지 겪게 되면서 세계적인 저성장, 저소비, 고실업 추세가 두드러지는 뉴노멀(New Normal)시대가 도래했습니다.

요즘 사람들의 표현으로 '헬게이트(지옥문)'가 열리며, 대한민국

....
2. 생선 이름이 아니라 명예퇴직(명퇴), 한겨울에 퇴직(동태), 황당한 퇴직(황태), 조기퇴직(조기) 을 의미함

도 드디어 '헬조선'에 진입하게 되었죠. 경제위기 이후 연애, 결혼, 출산을 포기했던 3포세대는 2010년대 후반에 이르러서는 내집 마련, 인간관계, 나아가 꿈과 희망 등 수없이 많은 것들을 포기해야 하는 N포세대가 되어버립니다. 경제적 빈곤의 원인을 개인의 문제에서 찾던 청년들은 아무리 노오오력해도 변하지 않는 높은 현실의 벽을 실감하면서 문제의 원인을 사회 구조에서 찾기 시작합니다. 모든 문제의 원인은 '헬조선'에서 흙수저로 태어났기 때문이라고 말이죠. 이른바 '수저계급론'이 고개를 들었습니다. '헬조선, 금수저, 흙수저' 이런 말들은 부와 권력이 대물림되는 불공정한 현실에 대한 뼈저린 통찰과 함께 기득권 계층에 대한 염증을 드러내는 말들이죠. 그리고 그 극복할 수 없는 구조적 모순 앞에서 절망해 버린 요즘 젊은이들은 이렇게 자조적으로 말합니다.

'이생망(이번 생은 망했어요…)'

한편으로 2000년대 이후 여성의 사회적 지위가 꾸준히 향상되면서 '알파걸, 골드미스, 줌마렐라' 등 여성을 키워드로 하는 단어들이 속속 생겨나며 유행했는데, 2006년 '된장녀'의 등장과 함께 한국 사회는 이른바 극심한 '젠더 갈등'의 시대로 접어들었습니다. 그로부터 10여 년이 넘게 지난 지금까지도 나아지기는커녕 갈등은 점점 더 극단으로 치닫고 있죠. 이러한 지독한 갈등 상황에 대해 어떤 이들은 2008년 이후 이어진 경제불황 속에서, 같은 남성들과 경쟁하는

이번 생은…ㅜㅠ
다시 태어나야 하나…?

#아무리_#노오오력_해도_#바뀌지_않는_#높디높은_#현실의_벽#OTL

것만으로도 충분히 힘겨운 마당에 강력한 경쟁 상대로 떠오른 여성들에 대한 경쟁의식과 반감이 반영된 결과라고 분석하기도 합니다.

'된장녀, 김치녀'로 시작된 젠더갈등은 급기야, 가장 성스럽고 존중받아 마땅한 엄마들마저 '맘충'으로 전락시키기에 이릅니다. 심지어 일부에서는 불특정 다수 여성들을 '꼴페미, 메갈'이라는 말로 무분별하게 낙인찍으며 '페미니즘' 자체에 대한 극단적인 혐오로까지 이어지고 있습니다. 여기에 일부 여성들을 중심으로 여성혐오에 대한 미러링 운동[3]이라는 명분을 앞세워 '한남충', '태일'[4] 등 남성에 대한 혐오 표현까지 유행시키며 젠더 갈등은 도무지 출구를 찾지 못한 채 방황하고 있습니다.

____ '을'과 '을'의 소모전을 부추기는 희생양 만들기

앞서 낙인찍기를 이야기하면서 '희생양'에 대한 이야기를 하기도 했죠. 희생양 메커니즘이란 "무언가가 대신 희생됨으로 진짜 잘못을 저지른 대상을 잊히게 만든다."는 뜻의 사회학적 용어입니다. 앞서도 살펴본 바 있지만, 희생양은 작게는 가족 안에서부터 크게

....
3. 미러링. 기존에 있던 약자혐오(특히 여성혐오)적 발언에 대해 반대로 뒤집어 보여주는 전략, 우리 사회에 공기처럼 팽배해있는 여성혐오의 말들을 짚어내어 거꾸로 남성에게 적용하여 보여줌으로써 기존의 여성혐오의 존재를 대중에게 알리려는 전략
4. 급진적 미러링의 사례 중 하나로 한국의 노동운동을 상징하는 인물인 전태일 열사의 분신을 빗대 전태일처럼 분신하라는 막돼먹은 의미의 신조어

는 우리 사회 전체에서도 지목될 수 있습니다. 사회적으로 실업, 경제불황, 범죄 등의 사회문제가 심각할 때, 누군가를 희생양으로 삼아 사회적인 분노의 화살을 '특정인'에게 돌림으로써, 그 사회의 분노가 시스템을 향해 표출되는 것을 막고, 사회의 결속과 기존 질서를 유지하려는 거죠.

그런데 사회의 혼란이나 어려움이 클수록 이 '희생양 메커니즘'은 더욱 활발하게 발동하는 경향이 있습니다. 사실 구조적 어려움을 해결하기는 쉽지 않기 때문에 사람들이 차라리 엉뚱한 곳에 관심을 기울이도록 하는 쉬운 방법을 택하는 거죠. 여러분도 "이슈는 이슈로 덮는다."는 말을 들어본 적이 있을 것입니다. 다시 말해 사회 구조적 문제점을 해결하려고 함께 고민하고 노력하기보다는 그저 대중의 불만·공포·반감·증오를 다른 대상으로 향하게 함으로써 구조적 문제는 잠시 잊어버리게 하는 거죠.

이러한 형태의 여론몰이는 오늘날 기득권 세력이 권력을 유지하고 대중을 지배하는 중요한 수단이 되고 있습니다. 문제의 원인을 사회 구조적 문제에서 찾아 해결하려는 것이 아니라 희생양이 되는 '그 대상'을 맹렬히 비난하는 동안 사회 구조적 문제는 잠시 잊게 만드는 거죠. 이때 희생양이 되는 사람들은 늘 장애인, 성소수자, 외국인 등의 사회적 약자입니다. 오늘날 우리 사회에서 이런 혐오의 말들이 난무하고 있는 상황은 그만큼 우리 사회의 구조적 문제가 심각하다는 방증이기도 합니다. 한편으로 더욱 안타까운 점은 '희생양 메커니즘'을 발동시킴으로써 힘없는 '을'들끼리 서로 물고 뜯는 전쟁을 부추기는 결과로 이어지는 점입니다. 이러한 전쟁에 승자는 없습니다. 그저 서로 치명적인 상처만 주고받은 채 허무하게 끝나버릴 뿐이지요.

　디지털 원주민인 2030세대, 그리고 그 뒤를 잇는 지금의 청소년들은 매일매일 온라인에서 또 다른 삶을 살아갑니다. 온라인상에서는 세대 간의 벽을 치지 않습니다. 그러다 보니 2030의 언어문화는 자연스럽게 10대에게 영향을 미칠 수밖에 없죠. 광대한 온라인 세상에서 빠르게 퍼져나가는 유행어들, 심지어 이를 변주한 또 다른 신조어들은 지금도 계속 쏟아지고 있습니다. 심지어 상당수의 혐오와 차별을 내포한 말들마저 '재미'를 앞세워 무분별하게 퍼져나가고 있죠. 그냥 재미삼아 쓰는 유행어라고 해도 이런 말들은 조금씩 우리의 의식을 차별로 물들입니다. 온라인·오프라인을 가리지 않고 넘쳐나는 혐오와 차별의 말들, 재밌다며 무심코 쓰기 전에 한 번쯤 돌아보면 어떨까요?

언어유희와
언어파괴의
아슬아슬한 줄타기

SNS상에서 주고받는 청소년들의 대화를 어른들이 보면, 마치 암호 같은 각종 줄임말의 향연에 십중팔구 이렇게 생각할 것입니다.

'대체 무슨 소린지 도통 모르겠다.'
'이게 말이야 막걸이야?'
'세종대왕이 통곡하고 가시겠다.'

청소년을 포함한 젊은 층의 언어생활에 대해 이처럼 누군가는 정상적인 언어생활을 파괴한다고 비판합니다. 하지만 역시 반대의 의견도 있습니다. 누군가는 말의 재미를 살리기 위한 언어유희일 뿐이라고 말하니까요.

_____ 유연한 한글의 특성을 활용한
   창의적인 언어생활

말이 주는 재미에만 지나치게 충실한 요즘 세대의 언어생활을 두고
심각한 한글 파괴라고 비판하는 시각에 대해 세계문화전문가이자
작가인 조승연은 모 텔레비전 프로그램에서 이렇게 말했습니다.

> "세종대왕이 한글을 만든 이유는 백성들이 일반적으로 매일 쓰는 이야
> 기를 그대로 적지 못해서였다. 1443년 한글창제 이후 500년이 지났다.
> 휴대전화, 컴퓨터가 생겨나고 시대가 많이 변했음에도 이 변화를 아직
> 도 한글로 표기 가능하다. '내가 진짜 글자 하나는 잘 만들었다.'라고 생
> 각하시지 않겠냐?"

세종대왕이 보시면 흐뭇해 하실 것이라는 거죠. 그러면서 "한글의
위대함은 유연성"이라며 변화에도 끄떡없이 사람들이 말하는 소리
를 그대로 표현할 수 있는 과학적 언어라는 점을 강조하였습니다.
'야민정음'을 비롯하여 한글을 이용한 이토록 다양한 말놀이가 가
능한 이유도 우리 한글이 참으로 유연한 문자이기 때문이라고 생각
하니 한글의 위대함에 다시 한번 고개가 절로 끄덕여집니다. 요즘
기성세대가 한국어의 타락이나 한글 파괴를 걱정하는 것은 과거에
대한 기억상실에서 비롯된 기우[5]에 불과하다고 누군가는 말합니
다. 이런 관점에서 본다면 요즘과 같은 청소년의 언어생활은 언어

의 자연스러운 변화 과정으로 볼 수도 있을 것 같습니다. 가령 우리가 표준어라 부르는 말은 "교양 있는 사람들이 두루 쓰는 현대 서울말"을 가리키는데, 이 서울말도 조선 시대 한양의 말과는 달라졌으니까요. 여러분도 잘 아는 훈민정음 서문을 한 번 볼까요?

나랏말ᄊᆞ미
中듕國귁에달아
文문字ᄍᆞ와로서르ᄉ뭇디아니ᄒᆞᆯᄊᆡ
이런젼ᄎᆞ로어린百ᄇᆡᆨ姓셩이니르고져홇배이셔도
ᄆᆞᄎᆞᆷ내제ᄠᅳ들시러펴디몯홇노미하니라
내이ᄅᆞᆯ爲윙ᄒᆞ야어엿비너겨
새로스믈여듧字ᄍᆞᄅᆞᆯ밍ᄀᆞ노니
사ᄅᆞᆷ마다히ᅇᅧ수비니겨날로ᄡᅮ메便뼌安ᅙᅡᆫ킈ᄒᆞ고져홇ᄯᆞᄅᆞ미니라

– 《훈민정음 언해본》 서문

〈현대어 풀이〉
나라의 말이
중국과 달라
한문·한자와 서로 통하지 아니하므로
이런 까닭으로 어리석은 백성이 이르고자 하는 바가 있어도
끝내 제 뜻을 능히 펴지 못하는 사람이 많다.
내가 이를 위해 불쌍히 여겨
새로 스물여덟 글자를 만드니
사람마다 하여금 쉬이 익혀 날마다 씀에 편안케 하고자 할 따름이다.

....
5. 니콜라우스 뉘첼, 《언어란 무엇인가》(노선정 옮김), 살림Friend, 2008, 150쪽

어떤가요? 지금의 우리말과 사뭇 다르죠? 이렇듯 언어는 기본적으로 생성, 소멸, 발전을 거듭합니다. 이를 가리켜 언어의 역사성이라고 합니다. 언어의 역사성은 언어가 가지는 가장 일반적 특성 중의 하나입니다. 언어는 어차피 끊임없이 변하는 것이기 때문에 그 변화의 요인이 무엇이든 간에 최후의 승자는 바로 해당 언어를 사용하는 언중(言衆)[6]의 선택에 의해 결정됩니다.

실제로 원래 표기법에서 다수가 선호하는 표현으로 맞춤법이 바뀐 사례는 많습니다. '설거지'는 원래 '설겆이'였던 것이 1988년 〈한글맞춤법 개정〉에 따라 발음과 가깝게 표기하여 '설거지'로 바뀌었죠. 오랜 시간 '설겆이'라고 써온 사람들 중 일부는 '설거지'는 무슨 '서울 거지'냐며 투덜거리기도 했죠. 그렇지만 시간이 꽤 흐른 지금은 누구나 자연스럽게 '설거지'라고 씁니다. '설겆이'가 더 많은 언중의 선택을 받았다면 도로 '설겆이'로 바뀌었을지도 모르죠. 또 본래 '자장면'의 비표준어였던 '짜장면'도 사람들이 널리 사용하는 표현임을 인정하여 표준으로 인정하게 된 사례입니다. 앞서도 이야기한 바 있지만, 언어란 기본적으로 경제성에 기인하여 변화해 왔습니다. 언어의 경제성이란 발음하기 쉽고 쓰기에도 편해야 하는 것을 말합니다. 그래야 더 많은 언중의 선택을 받을 수 있죠.

여러분이 어렵다며 질색하는 맞춤법이나 문법도 알고 보면 우리의 언어생활을 좀 더 편하게 하기 위한 언어의 변화 과정을 설명한

---

6. 같은 언어를 공유하여 생활하는 언어 사회 안의 대중(大衆)을 말함.

것에 불과합니다. 구개음화를 예로 들어볼까요? 여러분이 자주 헷갈리는 '굳이/구지'의 경우 '굳이'를 발음대로 하면 '구지'입니다. 'ㄷ'이 'ㅣ'모음 앞에서 'ㅈ'으로 바뀐 것인데, 이것이 구개음화죠. 하지만 표기는 여전히 '굳이'라고 합니다. 언젠가는 아예 표기도 '구지'라고 하게 될지도 모릅니다. 언어란 언제든 바뀔 수 있는 것이니까요. 더 많은 언중의 선택을 받은 표현으로 말이죠.

___ 반짝 유행어 VS 끝까지 살아남는 말

지금 뜨겁게 유행하는 각종 언어유희도 마찬가지입니다. '재미'라는 명분을 앞세워 빠르게 전파되고 있는 말들 역시 경제성이 너무 떨어진다면 점차 세력을 잃을 수 있습니다. 여러분이 좋아하는 초성어나 줄임말도 온라인 환경에서 소통할 때 줄여 쓰는 것이 훨씬 경제적이기 때문에 더 빠르게 퍼져나갔을 것입니다. 그런데 축약 정도가 너무 과한 나머지, 언중 사이에서 바로 이해되지 못하여 의미를 설명하는 데 불필요한 시간이 계속 쓰여야 한다면 그런 단어들은 경제성이 떨어지는 말이 되므로, 결국 자연스럽게 도태될 가능성이 높습니다.

한편 전 세대를 아우르는 표현이 아니라 특정 집단에서 통용되는 언어들이 생겨나는 것 또한 지극히 자연스러운 현상입니다. 예컨대 청소년이 어른들 눈에 외계어처럼 보이는 그들만의 언어를 즐겨 사용하려는 모습을 보이는 것 또한 자기들만의 차별화된 문화를 창조하려는 욕구가 반영된 자연스런 현상입니다. 그리고 이런 현상은 청소년뿐만 아니라 다른 집단에서도 종종 나타납니다. 어른들도 때로는 자신들이 속한 집단의 언어를 즐겨 사용하니까요. 소위 직딩체, 군인체 등이 대표적이지요. 특정 집단 내에서 유행하던 표현들이 다른 세대의 공감을 얻으면 더욱 폭넓게 확산되기도 합니다.

사실 세대 간의 소통은 예나 지금이나 쉽지 않습니다. 어른들은 어른들대로, 젊은이들은 젊은이들대로 상대의 말에 불평을 늘어놓습니다. 때론 불평하는 과정에서 사라지는 말도 있고, 새롭게 변주되어 재창조되는 말도 있습니다. 이런 과정이 오랜 시간 수없이 반복되어온 것입니다. 신조어들은 끊임없이 만들어지지만, 극히 일부만 살아남습니다. 즉 언중들의 입에 붙어야 언어로서 생명력을 유지할 수 있죠. 경제학 용어 중에 '캐즘(chasm) 이론'[7]이라는 것이 있습니다. 쉽게 말해 대중화되지 못하고 단절되는 현상을 말합니다. 사실 수많은 신조어들 역시 비슷한 길을 걷습니다. 다양한 종류의 신조어들이 끊임없이 만들어지고 있지만, 열에 일곱은 금방 사람들의 기억에서 잊히고 마니까요.

세대 간의 언어에도 캐즘이 있는 것 같습니다. 살아남는 신조어들은 이 캐즘을 잘 극복한 언어들입니다. 즉 캐즘을 극복하고 살아

....
7. 원래는 지질학 용어로 지각 변동으로 인해 골이 깊고 넓어지면서 지각이 단절된 것을 의미. 이 용어는 비즈니스에서는 신상품 혹은 신기술이 시장 진입 초기에서 대중화로 시장에 보급되기까지 일시적으로 수요가 정체되거나 후퇴하는 현상(단절 현상)을 의미한다. 이 캐즘 현상을 잘 극복한 상품은 성공하게 되고, 캐즘 현상을 극복하지 못한 상품은 시장에서 도태되고 만다.

남았다는 것은 그 언어가 세대 간극을 뛰어넘어 하나의 문화적 자산으로 가치를 인정받았다는 뜻입니다. 세대 간에 이 '캐즘'이 너무 넓어서 뛰어넘기가 힘들어진다든가, 캐즘을 뛰어넘지 못해 도태될 의미 없는 단어 놀이에만 매몰되어, 청소년기에 꼭 필요한 어휘력 확장에 쓸 에너지마저 소진해버리는 것은 못내 아쉽습니다.

모든 언어는 형식과 내용으로 이루어집니다. '형식'이라고 하는 것은 형태적인 것을 말합니다. 어떻게 표기하는지, 어떻게 소리내는지에 관한 것입니다. '내용'이라고 하는 것은 '의미'의 영역입니다. 좀 더 단순하게 말하면 의사소통이라는 언어의 가장 기본적인 기능에 충실하기만 한다면 형식에 관한 부분은 어떤 식으로 변형되든 선택은 언중이 하면 됩니다. 소리내기 편하고, 이해하기 쉬우면 되는 것이니까요.

____ 표현에 담긴 알맹이에 좀 더 주목할 때

앞으로는 언어유희냐 언어파괴냐를 논하기 전에 그 '의미'의 영역에 대해서는 좀 고민을 해보았으면 합니다. 특히 여러분이 일상적인 재미로 쓰는 말들에 담긴 '의미'부터 곰곰이 살펴보는 거죠. 최근 더더욱 판치고 있는 혐오와 차별의 말들, 그리고 상대의 인격을 무시하는 욕설들, 그런 말들이 과연 (청소년 사이의) 자정작용이 정상적으로 작동할 수 있는 범위에서 통용되고 있는 것들인지를 고민해

보아야 할 것입니다. 특정 대상에게 혐오의 프레임을 씌우는 말들은 그 어떤 것을 막론하고 언어유희라는 방패로 합리화할 수 없는, 소위 쉴드칠[8] 수 없는 말들이니까요.

앞서 하이데거가 "언어는 존재의 집"이라고 했다는 말을 소개한 바 있습니다. 언어에 담긴 '의미'들은 그 언어를 사용하는 우리의 '의식'을 알게 모르게 조금씩 변화시킵니다. 무심코 자주 사용해온 말이 나 자신도 모르는 사이에 원치 않는 편견을 주입시키기도 하는 것입니다. 따라서 재미 이전에 그 속에 담긴 말의 의미가 무엇인지는 최소한 알고 사용해야 하지 않을까요?

한글의 유연성을 활용한 다양한 변용이 긍정적 측면도 있기는 하겠지만, 한편으론 한글의 정체성을 적잖이 훼손할 수 있다는 염려 또한 덧붙이고 싶습니다. 무엇보다 몇몇 특정 언어 표현에 매몰되는 현상에 대해서는 좀 더 우려되는 바입니다. 어휘의 수가 줄어든다는 것은 사고의 폭이 줄어든다는 뜻이기도 하니까요. 너무 재미에만 치중한 단어들에 밀린 나머지 깊이 있는 사고를 담은 추상어들은 청소년들에게 '따분하다'며 무조건 외면받는 현실도 염려스럽습니다. 최근 EBS에서 방송된 〈당신의 문해력〉이라는 프로그램을 보면, 요즘 청소년들의 문해력 수준이 얼마나 심각해지고 있는지를 생각해보게 됩니다. 문해력을 키우는 힘은 다름 아닌 어휘력에 있다는 사실도 다시 한번 돌아보게 됩니다.

....

8. 쉴드치다. 무조건적 방패막이, 옹호를 의미하는 말로 영어의 shield에 '치다'를 합성한 신조어. 아이돌스타의 팬덤들이 스타의 어지간한 잘못에 대해서는 옹호해주는 뜻으로 사용되기 시작.

끝으로, 이러한 언어유희적 표현들이 공식적인 말하기나 글쓰기 상황에서 무분별하게 사용되지 않도록 노력할 필요가 있습니다. 실제로 학생들에게 물어봐도, SNS 상이나 친구들 사이에서 재미로 쓰는 표현을 수업시간이나 글쓰기 시험 등에서 무분별하게 사용하지는 않는다고 말합니다. 이런 면에서, 우리 청소년들은 공식적인 언어생활과 일상적인 언어생활을 구분하여 나름대로 개념 있고 슬기로운 언어생활을 하려고 노력하고 있는 것 같습니다.

하지만 언어유희적 표현을 일상적으로 쓰다 보면 자신도 모르게 공적 언어생활에도 점차 영향을 미치게 됩니다. 예컨대 최근 입시나 취업 등을 위해 공식적으로 제출하는 자기소개서에도 급식체나 야민정음식 표현을 쓴 사례들이 심심찮게 나오고 있다고 합니다. 공적인 글쓰기나 공적인 말하기의 기회가 적을수록 이 둘을 구분하는 이중적 언어생활은 더욱 힘들어질 수밖에 없겠지요.

물론 이러한 노력을 무조건 여러분의 책임으로만 떠넘기려는 것은 아닙니다. 학교나 사회에서도 청소년들이 공식적인 언어생활을 할 수 있는 기회들을 더 많이 만들어주어야 합니다. 청소년들이 공적인 언어생활에 더 많이 노출되어, 일상적 언어생활과 공적인 언어생활을 균형 있게 하다 보면 자연스럽게 언어의 자정작용도 활발하게 일어날 테니까요. 그러다 보면, 청소년들의 넘치는 재치를 반영한 참신하고 창의적인 말들이 생겨나는 동시에 개념 충만한 품격 있는 언어생활 또한 얼마든지 가능하지 않을까 생각해 봅니다.

우리에게는
혐오를 혐오하는
용기가 필요하다

03

《일베의 사상》이라는 책의 저자
인 박가분 씨는 소위 '일베'라고 불리는 사람들이 혐오 표현을 쏟아
내는 이유에 대해 한마디로 이렇게 설명합니다.

"나는 너를 혐오할 자유가 있다."

이들이 말하는 표현의 자유란 절대적인 표현의 자유로, '혐오할 자
유'까지도 허용되어야 한다는 주장이죠. 다시 말해 그들은 혐오를
표현의 자유에 속한다고 여기고, 그 자유를 마구잡이로 행사한다는
것입니다. 또한 이들이 혐오 표현을 사용하는 주요 이유가 단지 세
간의 관심을 끌기 위해서라는 점에서 놀라움을 넘어 허탈하기까지
합니다. 세월호 희생자를 비하하는 의미로 어묵 사진을 게재하여

혐오 표현에 대한 사회적 논란에 불을 지폈던 김모 씨는 2015년 경찰조사에서 "모욕할 의도는 없었고 단지 주목을 받고 싶어서"라고 말하기도 했죠.

___ 어디까지를 표현의 자유로 인정할 것인가?

다른 사람의 관심을 끌기 위해서 혐오 표현을 사용한다고 말하는 사람들은 그 표현에 어떤 문제가 있는지는 별로 깊이 생각하지 않습니다. 그저 혐오 표현과 막말을 즐기는 한편, 자신들이 내뱉은 혐오 표현에 대해 분노하며 반응하는 사람들에게 오히려 '부들부들잼'이라고 말하며 희열까지 느낀다고 합니다. 여러분은 잘 알고 있겠지만, '부들부들잼'이란 '부들부들' + '꿀잼'의 합성어라고 하죠? 애초에 관심을 끌 목적으로 던진 말인데, 이렇게 '부들부들' 격앙된 반응을 보여주니 기대 이상의 목적을 달성했다고 여기는 것입니다. 더 큰 문제는 혐오 표현에 대한 그 어떤 합리적 비판마저도 '십선비' 같은 식으로 싸잡아 비하하며, 오히려 희화화해 버리는 것입니다. 이들은 개인이 어떤 생각을 하고 어떤 말을 하든 그것은 표현의 자유일 뿐, 자기와 생각이 다르다고 해서 침묵을 강요해서는 안 된다고 주장합니다.

물론 표현의 자유는 인간의 보편적인 권리이자, 헌법이 보장하고 있는 가장 기본적인 권리이기도 합니다. 그런데 표현이라는 것은 사람마다 느끼는 강도가 다르기 때문에 같은 표현이라도 어떤 사람에게는 심각한 차별과 모욕의 말로 들리기도 하고 또 어떤 사람에게는 아무렇지 않게 들릴 수 있습니다. 건강한 사회일수록 대부분의 혐오 표현은 그 사회가 가진 자정능력에 의해 자연스러운 비판 과정을 거치며 자체적으로 정화될 수 있습니다. 따라서 표현의 자유에 대한 사회의 개입은 최대한 신중할 필요가 있죠. 민주주의 사회라면 이에 대해 누구도 반론을 제기하지 않을 것입니다.

원래 표현의 자유란 자신의 정당한 권리를 찾고자 하는 모든 이의 문제, 특히 소수자의 문제였습니다. 따라서 '표현의 자유'로 인해 다소간의 부작용이 있어도 그 자유를 축소하는 방향으로 정책이 수립되어서는 안 됩니다. 사람들이 하고 싶은 말을 하지 못하는 상황이 계속되고, 그 제약이 커질수록 이득을 보는 것은 기득권을 가진 강자들이니까요. 다시 말해 표현의 자유가 제약을 받을수록 결국은 현상 유지를 바라는 기득권, 강자에게 훨씬 더 유리한 상황이 되는 것입니다. 더 많은 표현의 자유가 보장될수록 소수자들이 현재의 부당한 현실을 조금씩이라도 바꿀 수 있고 그들의 권리에 사람들이 귀를 기울이며 나아가 그들의 권리가 보장될 수 있습니다.[9]

다만 표현의 자유를 논의하는 자리에서 항상 키워드로 등장하는 것이 '혐오' 표현 문제입니다. 표현의 자유는 옹호되어야 마땅하지만, 동시에 혐오 표현은 적절하게 규제해야 합니다. 표현의 자유라는 든든한 방패막이 뒤에 숨어서, 누군가의 존엄성과 정체성을 철

....
9. 홍성수, 《말이 칼이 될 때》, 어크로스, 2018, 19쪽 참조

저하게 파괴하는 혐오의 말들을 뱉어내는 것은 참으로 비겁한 행위입니다. 그렇기 때문에 표현의 자유와 혐오 표현에 대한 규제 사이의 경계가 과연 어디인지에 대한 논란은 늘 현재진행형입니다. 그 경계를 명확히 하기 위해서라도 우리는 '혐오 표현'에 대한 우리의 생각을 좀 더 명확하게 밝힐 필요가 있습니다.

___ 무심코 사용되는 혐오 표현들을 돌아보다

우리가 교실에서, SNS에서 일상적으로 사용하는 말들 중 고의든 아니든 혐오의 말들이 있는지에 대해서도 돌아보아야 합니다. 혐오란 감정적으로 싫은 것을 넘어서 어떤 집단에 속한 사람들의 고유한 정체성을 부정하거나 차별하고 배제하려는 태도를 말합니다. 《말이 칼이 될 때》라는 책에서 홍성수 교수는 혐오 표현의 종류에 대해서 다음과 같이 설명합니다. 첫째, 구분을 위한 호칭 자체가 차별을 야기하는 경우입니다. 다음의 표현 예시를 한번 살펴볼까요? 잘 모르는 누군가를 가리킬 때, 다음 중에서 혐오 표현이 될 수 있는 것은 무엇일까요?

① 이봐~ 거기 파란색 옷   ④ 휠체어 탄 학생

② 여학생, 잠깐만!   ⑤ 야, 다문화!

③ 히잡 쓴 학생!

이처럼 누군가를 특정하기 위해서는 구분이 불가피한 경우가 있을지 몰라도, 맥락에 따라 그러한 구분 자체가 대상을 열등하고 비정상적이고 비주류적인 것으로 간주하는 효과를 낳을 수도 있다는 점을 기억해야 합니다. 위의 예시에서 보면 ①번 '파란색 옷'을 제외하고 모두 맥락에 따라 혐오 표현이 될 수 있습니다. 우리는 같은 말이라도 맥락에 따라 다르게 받아들여질 수 있다는 점을 생각해야합니다. '다문화'라는 단어의 경우, 단순히 개념, 목적, 취지를 설명하기 위해 '다문화 정책, 다문화 학회' 등으로 쓰이는 경우에는 문제가 없지만, 소수자 학생을 지칭하여, "야, 다문화!"라고 한다면 명백히 차별과 배제의 표현이 됩니다.

둘째, 불쾌감이나 모욕감을 유발하고 존엄성을 훼손하고 정신적으로 상처를 입히는 경우입니다. 예컨대 일본에서 혐한(嫌韓) 감정이 크게 일었을 때, "바퀴벌레 조선인", "김치냄새 난다." 등의 표현들이 많이 쓰였죠. 또 예전에 영국에서 활약한 축구선수 박지성에게 "칭크[10]를 쓰러뜨려!"라고 했던 것도 이런 경우에 해당할 것입니다.

셋째, 소수자의 정체성을 부정하는 방식의 차별적 혐오 표현입니다. 동성애자를 두고 전환치료가 필요한 대상으로 간주하거나, 난민에게 '너희 나라로 가라'고 말하는 경우 등을 들 수 있습니다.

넷째, 눈에 띄어서도 안 되는 대상으로 취급하는 비가시화 방법의 혐오 표현입니다. 예컨대 이렇게 말하는 거죠.

....
10. chink, 찢어진 눈이란 뜻으로 동양인 비하어

"몸이 불편하면 나돌아다니지 말고 집에나 처박혀 있지……."

"내 눈에 띄지만 않으면 된다(또는 그런 애는 우리 반만 아니면 돼)."

다른 사람의 눈에 띄지 않고 사는 것이 과연 평등한 인간으로서 존중받는 삶이라고 할 수 있을까요? 구석에 처박혀 사는 삶을 강요하면서 그래도 어쨌든 살게는 해주었으니 평등한 대우를 했다고 감지덕지해야 하는 걸까요? 영화 《신세계》에 나온 대사가 문득 떠오릅니다.

"살려는 드릴게……."

___ 예능을 다큐로 받았다고 펌하하기엔 심각한 문제들

이미 혐오 표현은 세상 곳곳에 스며들었고, 그 유형 또한 워낙 다양하다 보니, 사람들은 혐오 표현을 쓰면서도 자신이 하는 말을 딱히 혐오의 말이라고 인지하지 못하는 경우가 많습니다. 그렇지만 홍성수 교수는 "소수자들이 처한 불평등한 사회적 맥락 때문에라도 소수자에 대한 혐오 표현은 그 표현 수위와 관계없이 차별을 조장할수 있다는 점에서 주의해야 한다."[11]고 말합니다. 그러면서 혐오 표

························
11. 홍성수, 《말이 칼이 될 때》, 어크로스, 2018, 49쪽

현의 해악을 대략 다음의 세 가지로 정리하였습니다.[12]

> 첫째, 혐오 표현에 노출된 소수자 개인 또는 집단이 정신적 고통을 당한다.
> 둘째, 혐오 표현은 누구나 평등한 사회 구성원으로 살아가야 하는 공존의 조건을 파괴한다.
> 셋째, 혐오 표현은 그 자체로 차별이며 실제 차별과 폭력으로 이어질 수 있다.

때때로 어떤 혐오 표현은 일일이 대응하기조차 구차한 마음이 듭니다. 하지만 그렇다고 그냥 내버려 두면 결국 고착화되기 쉬운 것이 언어의 속성이죠. 문제가 될 만한 표현에 대해 하나하나 따지고 저항하는 것은 결코 쉬운 일이 아닙니다. 그냥 재미로 하는 말인데 예민하게 군다는 비난, 혹은 '십선비'로 조롱당할 수 있는 상황 등 때문에 그냥 침묵해버리는 경우가 많습니다. 때론 문제를 제기하는 대신 어색하게 웃는 척하면서 넘어가기도 하고, 다른 말로 슬쩍 화제를 돌리기도 합니다. 그런데 그러다 보면 점점 더 그런 차별적 언사들이 정당화되고 고착화되면서, 마치 사실인 양 나도 모르게 의식에 스며드는 것입니다.

처음부터 마음속에 혐오의 대상을 규정하는 프레임을 가지고 태

---

12. 홍성수, 《말이 칼이 될 때》, 어크로스, 2018, 75쪽

어나는 사람은 없습니다. 대개는 자신이 속한 공동체나 사회 속에서 생활하는 동안 자연스럽게 학습되어 형성되는 경우가 많죠. 별 근거는 없는데, 자꾸 듣다 보면 자신도 모르게 익숙해지는 것입니다. 우리가 교실에서 큰 의미 없이 그저 재미로, 혹은 다른 사람의 관심을 끌기 위해서 사용하는 차별과 혐오의 말들에 대해 주의를 기울여 생각해보아야 하는 이유입니다.

____ 우리는 왜 혐오에 저항해야 하는가?

물론 여러분은 여전히 '웃자고 하는 말에 죽자고 덤빈다'느니, '예능을 다큐로 받는다'느니 하면서 투덜거릴지도 모릅니다. 그렇지만 인간에 대한 풍자와 조롱이 건강한 비판이나 '웃음'으로 인정받을 수 있는 조건은 한 가지뿐입니다. 그 조롱이나 비판이 실제적인 권력과 강자를 향해 있어야 한다는 것입니다. 우리네 탈춤이나 고전문학에서, 풍자의 대상은 늘 권력자인 지배계급을 향했던 점을 생각해보면 좋겠습니다. 사회적 약자, 소수자를 향한 언어적 공격, 그리고 그 밖의 모든 혐오의 말에 대해서는 저항하는 용기가 필요합니다. 약자들의 아픔이 외면당하는 사회라면 평범한 대다수 사람들의 아픔 또한 언제든지 외면당할 수 있습니다. 우리가 어려운 상황에 놓였을 때 도움은커녕 아무도 관심조차 기울이지 않는다면 참으로 쓸쓸하고 고독한 마음이 들지 않을까요?

시중에 떠도는 혐오 표현들의 대부분은 그 대상을 '특정'하기 어렵다는 이유로 법망을 요리조리 빠져나가 처벌되지 않는 경우가 많습니다. 이 때문에 혐오 표현을 규제하는 포괄적 차별방지법이 발의되고 이에 대한 사회적 논의도 계속되고 있죠. 우리 사회의 정상적인 자정능력이 발휘될 수 없는 범위라면 어느 정도 강제적 조치, 즉 법적인 제재도 필요합니다. 오늘날 이런 법안이 발의되고 있다는 것은 어쩌면 차별과 혐오의 말들의 수위가 우리 사회의 자정 능력을 훌쩍 뛰어넘었다는 방증인지도 모르겠습니다. 언제부터인가 전 세대를 걸쳐, 심지어 초등학생들 사이에서조차 혐오의 말들이 유행처럼 번지고 있으니까요.

그러나 앞서 표현의 자유를 제한할수록 약자에게 불리한 반면, 기득권에게 유리하다고 했던 말을 기억할 것입니다. 따라서 표현의 자유를 보장해줌으로써 얻는 사회적 가치를 생각할 때, 무조건 법률적 제재에 의존하여 모든 사안을 해결하려고 해서는 안 됩니다. 제재에 의존할수록 결과적으로 전반적인 표현의 자유를 위축시키고, 그 피해는 고스란히 약자들에게 돌아가는 결과로 나타날 테니까요. 기본적인 제재에 더해, 우선 혐오 표현에 대한 우리 사회의 자정능력을 최대한 키우기 위한 개개인의 노력이 중요한 이유입니다. 이를 위해서 혐오와 차별의 말들에 대해 세대를 막론한 인식 개선이 필요합니다. 우리의 언어생활 전반을 겸허히 돌아보고, 나의 사소한 한 마디가 행여 다른 사람에게 비수가 되어 꽂히는 경우는 없는지 반성해 보았으면 합니다.

모욕죄를 아시나요?

혐오의 말에 저항해야 할 현실적인 이유도 있다. 우리나라에서는 모욕형 혐오 표현에 대해서 그 대상이 누군지가 '특정'될 수 있다면 '모욕죄'로 처벌받게 된다. 우리나라 형법 제311조에 의하면, '모욕죄'가 성립하는 조건을 "공연히 사람을 모욕한 자"라고 규정하고 있다. 제3자가 알게 되어야 하며, 모욕의 대상을 특정인으로 한정할 수 있어야 하며, 그 내용이 상대에게 모욕감을 주는 내용이어야 한다.

즉 인터넷에서 생각없이 내뱉은 단순한 '욕설'도 사안에 따라서는 얼마든지 모욕죄가 성립할 수 있다는 사실을 기억해야 한다. 아무리 SNS에 재미로 단 댓글이라도 경우에 따라 처벌받을 수 있다는 뜻이다. 누군가에게는 자존심을 넘어 인간으로서의 정체성에 큰 상처를 줄 수도 있기 때문이다. '장난으로 던진 돌멩이에 개구리는 맞아 죽는다'는 속담이 있는데, 어쩌면 이 법은 무심코 던진 돌에 맞아죽는 개구리가 없도록 보호하는 법이라고 표현할 수 있겠다. 하지만 안타깝게도 현재의 법체계 안에서 혐오 표현의 상당수는 대상을 특정하기 애매하다는 이유로 처벌을 피해가는 경우가 많다.

너는 아느냐,
세 치 혀의
무서움을

04

지금까지 개념 있는 언어생활 을 위한 이런저런 이야기들을 이어왔습니다. 마무리를 짓기 전에 마지막으로 여러분에게 꼭 당부하고 싶은 말이 있어 덧붙이려고 합니다. 그건 바로 이 책을 시작하면서도 했던 '말이 가진 엄청난 힘'을 항상 경계하고 인지했으면 하는 것입니다.

____ 피바람까지 일으키는 설화를 아시나요?

여러분도 '세 치 혀'[13]라는 말을 들어보았을 것입니다. '치'는 옛날

....
13. '세 치 혀'에 관한 설명은 정민 외, 《살아있는 한자 교과서 1》의 '말말말' 내용 일부 참조

에 사용된 길이를 재는 단위입니다. 한자로는 촌(寸)이라고도 하고, 한 치는 곧 한 마디인 일 촌과 같은데 센티미터(cm)로 환산하면 약 3.03cm 정도의 길이에 해당합니다. 인간의 혀는 길이가 평균 약 10cm 정도라고 하여 예로부터 '세 치 혀'라고 불렸던 거죠.

혀를 놀린다는 것은 곧 '말'을 하는 것을 의미하므로, 예로부터 혀를 잘못 놀리면 '설화(舌禍)'를 불러일으킨다고 했습니다. '설화'란 말로 인해 일어난 재난을 의미합니다. 혹시 '혀 밑에 도끼 들었다'라는 속담을 들어보았나요? 속담처럼 말은 때로는 다른 사람을 해치는 무기가 되기도 합니다. 때로는 입을 잘못 놀려 패가망신의 단초를 제공하기도 했죠. 흔히 '촌철살인, 촌철활인(寸鐵殺人, 寸鐵活人)'이라는 말을 하는데, 문자 그대로 해석하면 말 한마디가 사람을 살리기도 하고 죽이기도 한다는 뜻입니다. 당나라가 망하고 송나라가 들어서기 전인 오대(五代) 시절의 명재상이었던 풍도(馮道)는 이런 시를 남겼다고 합니다.

口是禍之門 · 舌是斬身刀 · 閉口深藏舌 · 安身處處宇
구시화지문 · 설시참신도 · 폐구심장설 · 안신처처우

입은 재앙이 들어오는 문이고, 혀는 제 몸을 베는 칼이다.
입을 닫고 혀를 깊이 감추어두면 가는 곳마다 몸이 편안하리라.

쉽게 말해 입단속만 잘해도 큰 탈 없이 살아갈 거라는 얘기죠. 이

밖에도 예로부터 말조심을 강조하고, 말의 무게를 경계하라는 격언은 많이 전해져 옵니다. "말 한 마디에 천 냥 빚을 갚는다."라는 말도 있고, "가는 말이 고와야 오는 말이 곱다."고도 합니다. "가루는 칠수록 고와지고 말은 할수록 거칠어진다."는 말도 있습니다. 또 사전적으로 "남과 시비하거나 남에게서 헐뜯는 말을 듣게 될 운수"라는 뜻의 '구설수'도 '입 구(口)'와 '혀 설(舌)'자를 씁니다. 그런데 공연한 구설수에 오르내리지 않으려면 평소 스스로 말과 행동을 조심해야 하겠지요. 혀는 다른 사람을 찍어내는 도끼이면서, 동시에 자기 몸을 베는 칼이 되기도 합니다. 자신이 뱉어낸 말로 인한 화(禍)가 자신에게 고스란히 되돌아오기 때문입니다.

___ 혼탁한 세상,
유언비어와 가짜뉴스가 활개를 치다

있지도 않은 거짓말을 꾸며내서 다른 사람을 구설에 올리는 것을 사자성어로 '유언비어(流言蜚語)[14]'라고 합니다. 세상이 혼탁하고 어지러울수록 유언비어는 많아지고, 온갖 종류의 뜬소문에 날개가 달린 채 방방곡곡으로 빠르게 퍼져나가는 경향이 있습니다. 요즘에는

....
14. 流言蜚語, 근거없이 떠돌아다니는 나쁜 소문, 유언(流言)은 떠돌아다니는 말, 비어(蜚語)는 날아다니는 말이라는 뜻. '비(蜚)'는 원래 '바퀴벌레'라는 뜻이지만, '비(飛)'와 음이 같아서 예전에는 흔히 같은 뜻으로 쓰임.

무분별하게 확산되는 '가짜뉴스'가 심각한 사회문제가 되고 있는데, 그만큼 오늘날의 세상이 어지럽다는 것을 방증합니다. 예컨대 세월호 참사나 코로나19 팬데믹과 관련한 가짜뉴스들이 인터넷을 넘어 온 세상을 헤집어놓았죠. 또 최근에는 코로나 백신과 관련해서도 참으로 많은 가짜뉴스들이 쏟아졌습니다. 이러한 가짜뉴스는 사람들이 정부의 지침을 닥치는 대로 의심하게 만들어 방역의 혼란을 부추기기도 했고, 백신의 안정성에 대한 대중의 불안감을 가중시키는 결과로 이어지기도 했습니다.

인터넷이란 것이 존재하지 않던 시절에도 '발 없는 말'이 순식간에 '천 리'를 간다고 했습니다. 하물며 요즘 같은 5G 세상이라면 더 말할 필요가 있을까요? 혹시 '유언비어'의 전파속도가 얼마나 빠르고 광범위할지 생각해본 적이 있나요? 매스 미디어[15]가 지배해온 과거와 달리 지금은 개인 미디어 시대입니다. 누구나 미디어의 주인공이 되어 브이로그나 유튜브 등을 통해 개인 방송을 할 수 있고, SNS 등을 통해 순식간에 이런 정보들을 퍼 나를 수 있는 시대이죠. '천 리'가 아니라 순식간에 '수만 리', '수천만 리'도 너끈히 갈 수 있습니다. 개인 미디어의 발달은 표현의 자유와 언론의 민주화에 기여하고 있지만, 치명적인 역기능도 있습니다. 특히 어느 정도 뉴스의 신뢰도를 검증하여 걸러내는 장치를 갖춘 매스 미디어와 달리

----

15. mass media. 불특정 다수에게 정보 전달을 위한 매개적 기술 수단. 신문, 잡지, 방송 등의 공공 매체를 통해 불특정 다수에게 정보를 전달하는 것. 이러한 기술의 사용 목적이나 전달내용이 공적인 성향을 띠는 경우 매스미디어라고 한다.

검증되지 않은 정보, 즉 '가짜뉴스'들이 마치 사실인 양 마구마구 퍼져나가기 쉽다는 점은 매우 심각한 문제로 지적되고 있죠. 따라서 가짜뉴스를 개개인이 스스로 현명하게 걸러낼 수 있도록 '미디어 리터러시'[16] 역량이 더더욱 요구되는 것입니다.

____ 검증이 생략된 개인 미디어, "아님 말고~"

매스 미디어가 지배했던 과거에는 공중파 방송이나 몇몇 메이저급 언론사들이 뉴스를 독점해서 자기들 입맛에 맞게 어젠다(agenda)[17]를 설정하여 여론을 호도하는 경우가 더러 있었고, 이런 식의 언론 통제는 헌법을 침해하는 심각한 문제이기도 하였습니다. 다만 그때는 최소한의 사실관계를 확인할 수 있는 장치는 존재했죠. 한편 지금은 다양한 채널을 통해 다양한 목소리를 들을 수 있다는 점에서는 분명한 장점이 있지만, 사실관계 확인 없이 일단 '화제성' 올리기에만 급급하여 지르고 보자는 식의 마구잡이 정보들이 문제입니다. 심지어 권위 있는 학술지나 유명한 해외매체 보도를 인용한 것

....
16. 다양한 매체를 이해할 수 있는 능력, 여러 형태의 메시지에 접근하여 내용을 분석·평가하고 소통할 수 있는 능력을 말함. 단순한 기술 습득의 측면이 아니라 인지 차원 이상의 미학적·감정적·도덕적 계발까지 아우르는 종합적인 능력이다.
17. 토의나 토론 같은 회의를 통해 해결할 문제를 뜻하며 의제라고도 함. 다른 말로 논제, 안건, 주제라고도 함.

처럼 속이는 식으로 제법 그럴듯하게 위장된 경우도 많다 보니 '가짜뉴스'를 골라내기는 말처럼 쉽지 않습니다.

2021년 전도유망한 어느 의대생의 죽음이 대한민국을 떠들썩하게 만들었습니다. 앞날이 창창한 선량한 청년의 죽음에 많은 사람들이 자신의 일처럼 가슴 아파했는데, 그 와중에 몇몇 몰지각한 유튜버를 중심으로 오직 조회수를 올리려는 욕심에 사망 의혹에 관한 수많은 가짜뉴스들을 쏟아냈습니다. 그것이 대중을 현혹시켜 판단력을 흐릴 뿐만 아니라, 나아가 유가족에게 씻을 수 없는 깊은 마음의 상처를 남기기도 했죠. 유튜버들에게 사실관계는 중요하지 않았습니다. 그저 어떻게든 자극적인 콘텐츠로 조회수를 높이고 싶었기 때문에 단순히 돈벌이 수단으로 누군가의 안타까운 죽음을 이용한 셈입니다.

이처럼 어떤 이들은 상대에 대해 나쁜 마음을 먹고 없는 말을 맘대로 지어내기도 하고, 사실관계를 자기중심적으로 해석해서 마치 이것이 객관적인 것처럼 교묘하게 위장해 글을 올립니다. 또 어떤 이들은 오직 개인 방송 조회수를 늘리거나 대중의 관심을 끌기 위해 일부러 자극적인 가짜뉴스를 만들어 올리기도 합니다. 때론 이런 가짜뉴스 때문에 누군가는 소중한 목숨을 끊기도 하고, 순식간에 가해자와 피해자가 뒤바뀌기도 합니다. 말을 전하는 사람은 재미로 했다고 하는데, 당하는 사람은 재미는커녕 지옥 같은 괴로움에 시달립니다. 나중에 사실이 아니라고 밝혀진 후에도 제대로 책임지는 경우는 거의 없습니다.

#재미삼아_퍼뜨린_#막말_#가짜뉴스_때문에_#누군가는_돌이킬 수 없는_#상처를_입는다

일단 닥치는 대로 의혹만 잔뜩 던져놓고, '사실이 아님 말고' 식으로 자신의 발언에 대한 책임은 지지 않는 경우가 대부분이죠. 문제는 앞서도 얘기했지만, 언어를 통해 한 번 머릿속에 주입된 인식은 바꾸기가 쉽지 않다는 점입니다. 심지어 전혀 사실이 아니라고 밝혀진 후에도 의혹이 깨끗이 해소되지 않는 경우도 많습니다. 때론 사실관계가 확인된 후에 음모론으로 둔갑하여 또 다른 가짜뉴스를 끊임없이 만들어내는 창구가 되기도 하여 피해자들을 고통 속에 영원히 가두기도 합니다.

가짜뉴스는 순식간에 사람들의 이목을 쉽게 끌지만, 반대로 그것이 가짜임을 밝히는 뉴스에는 사람들이 별로 관심을 기울이지 않습니다. '엎질러진 물'이란 바로 그런 것입니다. 한번 뱉은 말을 도로 주워 담을 수 없는 것과 같은 이치이죠. 그렇기 때문에 가짜뉴스의 피해자들은 억울한 사실이 밝혀진 이후에도 여전히 고통받는 경우가 많습니다. 이미 사람들에게 퍼질 대로 퍼져 자신에게 찍힌 낙인이 쉽사리 사라지지 않을 뿐만 아니라, 심지어 가해자에 대한 처벌 또한 어디에 호소해도 속 시원히 이루어지지 않는 경우가 많으니까요.

최근 우리 사회에는 혐오와 차별의 말들, 근거 없이 타인을 비방하는 말들이 난무합니다. 심지어 '팩트폭격', '사이다 발언' 운운하며 상대의 감정 따윈 아랑곳하지 않는 '막말' 혹은 '폭언'들을 옹호하는 사람도 넘쳐나고 있죠. 이는 우리 청소년들의 언어생활에서도 예외가 아닙니다. 어떤 이들은 오늘날 우리 사회에 막말과 폭언이 유행하는 이유는 그만큼 우리 삶이 고단하고 팍팍해져서라고 분석하기도 합니다. 고단하고 팍팍한 현실은 우리의 언어생활에도 영향을 미쳐 말을 거칠게 만들고, 이 거친 말들은 다시 우리의 의식을 점점 더 황폐하게 만들고 있습니다.

___ 차별과 혐오를 넘어
우리 모두의 개념 있는 언어생활을 위하여

언어는 고정된 것이 아니며, 시대에 따라 변합니다. 특히 사회적으로 커다란 변화가 있을 때면 필연적으로 언어에도 변화가 오죠. 예컨대 우리말에 거센소리나 된소리가 급격하게 많아진 것은 임진왜란을 겪은 후라고 합니다. 우리 국어사를 구분할 때 임진왜란은 중세에서 근대로 넘어가는 분기점인데, 그만큼 힘겨운 국난을 극복하는 과정에서 언어적으로 큰 변화가 일어났다는 것을 의미합니다. 예컨대 '칼'은 우리 중세 국어에서는 '갈'이었는데, '칼'로 바뀌었습니다. 임진왜란 후의 피폐한 삶이 우리 언어를 좀 더 거칠고 세게 변화시켰듯이 어쩌면 지금의 어려운 현실이 우리의 언어생활을 황폐화하는 데 일조했다는 주장은 꽤 일리가 있어 보입니다. 그렇지만 이러한 주장이 막말과 혐오의 말에 대한 변명이나 합리화는 결코 될 수 없습니다. 거꾸로 개개인이 자신의 말을 곱게 가꿀 수 있다면 결국 우리 사회의 팍팍한 현실도 조금씩 바뀌지 않을까요?

생각 없이 많은 말을 쏟아내다 보면 정작 쓸 만한 말은 그리 많지 않을 수 있습니다. 그렇게 무심코 이런저런 말들을 뱉어내다 보면, 나도 모르게 '혀 밑에 든 도끼(칼)'가 불쑥 튀어나와 누군가를 공격할 수도 있고, 어쩌면 폭탄처럼 아예 우리 자신과 주변까지 초토화시킬 만큼의 위력적인 무기가 될지도 모릅니다.

"웃느라 한 말에 초상난다."는 옛말도 있습니다. 이미 우리 선조들은 농담으로 혹은 재미로 쏟아낸 말들조차 다른 이에게 비수가 될 수 있다는 것을 잘 알고 이를 경계했던 것입니다. 또 "(화)살은 쏘아 주워도 말은 하고 못 줍는다"고 합니다. 단지 악의가 없다는 이유를 앞세워 무분별하게 쏟아내는 온갖 막말과 혐오표현을 더 이상 용납할 수 없는 이유입니다.

온갖 의혹이 난무하고, 그 안에서 분열과 갈등이 끊이지 않는 오늘날에는 더더욱 말 한마디에 신중할 필요가 있습니다. 우리 한 사람 한 사람이 노력하여 조금씩 바꿔가는 언어생활이 어쩌면 더 좋은 세상으로 나아가는 데 지렛대 역할을 해줄지도 모릅니다. 말의 힘은 그만큼 위대하니까요.

단행본

김경집, 《언어사춘기》, 푸른들녘, 2019.

김성우, 엄기호, 《유튜브는 책을 집어삼킬 것인가》, 따비, 2020.

김용섭, 《요즘 애들, 요즘 어른들》, 21세기북스, 2019.

김청연, 김예지(일러스트), 《왜요, 그 말이 어때서요?》, 동녘, 2019.

김춘경 · 이수연 · 이윤주 · 정종진 · 최웅용, 《상담학사전》, 학지사, 2016.

박가분, 《일베의 사상》, 오월의 봄, 2013.

손낙구, 《부동산 계급사회》, 후마니타스, 2008.

손창섭, 《잉여인간》, 민음사, 2005.

아거, 《꼰대의 발견》, 인물과사상사, 2017.

이건범, 《언어는 인권이다》, 피어나, 2018.

임홍택, 《90년생이 온다》, 웨일북, 2018.

장한업, 《차별의 언어》, 아날로그(글담), 2018.

정민 · 박수밀 · 박동욱 · 강민경, 《살아있는 한자 교과서 1》, 휴머니스트, 2011.

정학경, 《세상을 바꾼 10대들, 그들은 무엇이 달랐을까?》, 미디어숲, 2021.

홍성수, 《말이 칼이 될 때》, 어크로스, 2018.

니콜라우스 뉘첼, 《언어란 무엇인가》(노선정 옮김, 장영준 감수), 살림Friends, 2008.

리처드 도킨스, 《이기적 유전자》(홍영남 · 이상임 옮김), 을유문화사, 2018.

리처드 스티븐스, 《우리는 왜 위험한 것에 끌리는가》(김정혜 옮김), 한빛비즈, 2016

마사 누스바움, 《혐오와 수치심》(조계원 옮김), 민음사, 2015.

스티븐 핑커, 《언어본능》(감한영 옮김), 동녘사이언스, 2008.

우에노 지즈코, 《여성 혐오를 혐오한다》(나일등 옮김), 은행나무, 2012.

트리나 폴러스, 《꽃들에게 희망을》(김석희 옮김), 시공주니어, 1999.

보도자료 및 기사

고준영, 〈오렌지족부터 흙수저까지 … 1990~2020년 신조어 천태만상〉, 《더스푸프》,
2020.01.30.

김나은, 〈찍먹충 · 맘충 · 진지충 · 출근충... 왜 모두 '벌레'가 된거죠?〉, 《이투데이》,
2015.09.08.

김수진, 〈청소년 71.8%급식체 사용한다〉, 《에듀동아》, 2017.12.15.

김은영, 〈'쓱어, 남어'…유희인가, 파괴인가? 거세지는 언어 일탈〉, 《조선일보》,
2018.10.16.

김하수, 〈세대차와 언어감각〉, 《한겨레》, 2018.8.26.

김하연, 〈대학생들의 고질병, '대2병' 당신은 괜찮나요?'〉, 《한국연예스포츠신문》,
2021.11.30.

박하정, 〈"선천성 장애인은 의지 약해"여당 대표의 말〉, 《SBS취재파일》, 2020,1.16.

안승진, 〈'혐오할 권리가 있다'…표현의 자유 명분으로 혐오 양산〉, 《세계일보》,
2018.08.19.

안지윤, 〈무궁무진한 밈의 세계, 명과 암〉, 《한국연예스포츠신문》, 2021.3.15.

유하라, 〈고2 청소년 10명 중 9명 '세월호 참사 진상규명 안될 것'〉, 《레디앙》,
2014.8.21.

이라영, 〈진지함은 벌레(蟲)가 되고, 의문은 반지성에 묻히다〉, 《프레시안》,
2017.12.10.

이수경, 〈중2병만큼 무서운 병이 또 있다? 대2의 대2병 알아보기〉,〈통계청 공식 블로
그〉,2019.9.23.

이영경, 〈확찐자 · ○밍아웃 · 암 걸릴 듯…"나도 모르게 쓰던 차별의 언어, 이젠 그
만"〉,《경향신문》, 2020.11.17.(수정: 2020.11.18.)

이지원, 이다경, 〈당신도 '이모지 커뮤니케이터'인가요?〉, 《데일리POP》, 2018.04.11.

이진영, 〈국민메신저 카톡의 굴욕, 10대는 유튜브 가장 선호〉, 《뉴시스》, 2019.10.17.

이충의, 〈트렌드를 이끄는 인터넷 밈, 어떻게 화제가 되었나?〉, 《한국연예스포츠신문》, 2020.07.02.

인권위원회, 〈인권위, 혐오표현 실태와 규제방안 실태조사〉, 보도자료, 2017.2.20.

임승미, 〈10대들의 언어 급식체, 문제일까? 문화일까?〉, 《e-대학저널》, 2018.04.05

전소영, 〈'휴거지, 빌거지, 엘사' 빈자 혐오에 물든 아이들〉, 《투데이신문》, 2020.2.10.

전현진, 〈여자답게 남자답게?…지금은 2019입니다, 정신차려요〉, 《경향신문》, 2019.9.21.

정아임, 〈'초성시대' 도래했다!…'ㅇㅈ?', '어, 인정'〉, 《서울경제》, 2019. 10.09.

정양환 외, 〈이태백→88만원 세대→이생망… 사회불만 표현 수위 높아져〉, 《동아》, 2017.3.20.

주영재, 〈'이모티콘', 모바일 세대의 언어되다〉, 《경향비즈》, 2015.05.21.

최가영, 〈인천 중학생 추락사건 "다문화 가정 자녀 대상으로 한 폭력"〉, 《YTN》, 2018.11.20.

최우영, 〈세종대왕의 눈물 '문안한 권색 난방?' 위기의 맞춤법〉, 《머니투데이》, 2012.10.06.

최희진, 〈생존경쟁 몰린 남성, '여성혐오'로 표출〉, 《경향신문》, 2016.03.13.

해냄출판사, 〈사회적 문제, '외모차별주의'[인문 다이제스트]〉, 《에듀진》, 2020.11.11.

한주원, 〈인정? 어 인정, 고등? 어 조림…청소년 72% '급식체' 사용〉, 《대한급식신문》, 2017.12.15.

인문학으로 깊이 통찰하고,
과학으로 날카롭게 분석하며,
수학으로 자유롭게 상상하는 힘!

맘에드림 생각하는 청소년 시리즈

독자 여러분의 소중한 원고를 기다립니다

맘에드림 출판사는 독자 여러분의 소중한 원고를 기다리고
있습니다. 원고가 있으신 분은 momdreampub@naver.com으로
원고의 간단한 소개와 연락처를 보내주시면 빠른 시간에 검토해
연락을 드리겠습니다.

공간의 인문학

한현미 지음
값 12,000원

공간이 만들어가는 행복한 삶

십대들을 위한 생각연습

정종삼 · 박상욱 지음
값 12,000원

뉴노멀 시대의 무기, 생각하는 힘

모두, 함께, 잘, 산다는 것

김익록 · 박인범 · 윤혜정 · 임세은
주수원 · 홍태숙 지음 / 값 10,000원

알기 쉽게 배우는 사회경제학

십대들을 위한 맛있는 인문학

정정희 지음
값 12,000원

더 나은 세상을 만드는 먹거리 이야기

개정증보 지리는 어떻게 세상을 움직이는가?

옥성일 지음
값 16,500원

그레이트 리셋, 지리와 세계 패권 이야기

쉬는 시간에 읽는 젠더 이야기

김선광 · 이수영 지음
값 12,000원

젠더감수성 높은 행복한 사회 만들기

폭염의 시대

주수원 지음
값 10,000원

폭염과 기후변화의 사회학적 통찰

경제를 읽는 쿨한 지리 이야기

성정원 지음
값 13,500원

교과서를 뚫고 나온 지리와 경제의 만남

방구석에서 읽는 수상한 미술 이야기
박홍순 지음
값 14,000원

작품감상과 함께하는 인문학적 성찰

▼ 학교도서관저널 추천도서

10대, 놀이를 플레이하다
박현숙 지음
값 13,500원

세상을 바꾸는 놀이의 힘

십대들을 위한 꽤 쓸모 있는 과학책
오미진 지음
값 14,000원

평범한 일상에서 발견한 비범한 과학원리

▼ 학교도서관저널 추천도서

십대들을 위한 좀 만만한 수학책
오세준 지음
값 13,500원

수학의 언어로 이해하는 흥미진진한 세상

▼ 세종도서 교양부문 선정 도서

바이러스 철학을 만나다
박상욱 지음
값 14,000원

불확실성 시대를 돌파하는 철학의 힘

그림책으로 시작하는 철학연습
권현숙 · 김준호 · 백지원 · 조형옥 지음
값 14,000원

마음과 생각이 함께 자라는 그림책 읽기

▼ 학교도서관저널 추천도서

청소년을 위한 미디어 리터러시 이야기
강정훈 지음
값 14,000원

뉴미디어 시대, 허위 정보를 판별하는 법

통섭적 사고력을 키우는 냉장고 인문학
안창현 지음
값 14,000원

생각하는 힘을 키우는 청소년 인문학

10대가 알아야 할 민주주의의 꽃, 선거

서지연 · 이임순 · 조미정 · 현숙원 지음
값 14,000원

선거를 통해 알아보는 민주주의 의미

지구를 구하는 우리는 세계시민

백용희 · 박지선 · 박지희 · 이시라 지음
값 16,000원

사회적 감수성을 높이는 청소년 세계시민교육

그림책으로 시작하는 진로수업

고영심 · 고지연 · 김기정 · 김준호
성윤미 지음 / 값 15,000원

그림책과 함께 나를 찾아가는 진로 여행

인간답게 정의롭게, 그래서 헌법이야!

주수원 지음
값 15,000원

십대들을 위한 쓸모 있는 헌법 이야기

역사가 쉬워지는 답사여행

이연민 지음
값 16,000원

십대들을 위한 역사 속 인물 이야기

나의 첫 AI 수학

오세준 지음
값 17,000원

인공지능 문해력을 키우는 수학 이야기